Introducing PuzzleWhiz: Your Weekly Brain Boost!

Are you ready to supercharge your brain, sharpen your mind, and have a blast doing it? Welcome to **PuzzleWhiz**, your ultimate companion for weekly mental challenges that are as fun as they are brain-boosting! Designed to keep your mind sharp and entertained, PuzzleWhiz is the perfect way to unwind while giving your cognitive skills a serious workout.

Why Choose PuzzleWhiz?

- **Fresh Challenges Every Week:** Each issue of PuzzleWhiz Word Search is packed with a new set of thrilling puzzles, No two weeks are the same, keeping you on your toes with fresh challenges designed to engage and excite.

- **Scientifically Proven Brain Benefits:** Did you know that solving puzzles regularly can improve memory, enhance problem-solving skills, and even boost IQ? PuzzleWhiz offers a fun and engaging way to keep your brain active, with puzzles that are scientifically proven to benefit mental health.

- **Perfect for All Ages:** Whether you're 8 or 80, PuzzleWhiz is designed to challenge and delight every puzzle enthusiast. It's the perfect way to spend quality time with family or enjoy some well-deserved "me time."

- **Stay Ahead with Monthly and Yearly Subscriptions:** Don't miss a single issue! Subscribe monthly and get 4 exciting issues delivered straight to your door—or go all-in with our **Yearly Bundle** of 52 issues, including a special edition that you can't find anywhere else!

- **Exclusive Special Editions:** Our annual subscribers receive a **Special Edition** packed with bonus puzzles, expert tips, and exclusive content that takes your puzzle-solving skills to the next level. This edition alone is worth the price of admission!

Your Subscription Options:

1. **Weekly Thrills:** Grab your PuzzleWhiz every week and enjoy fresh, exciting puzzles that will keep your brain buzzing.

2. **Monthly Bundle of 4:** Save more and stay ahead of the game! Get a bundle of 4 issues delivered each month, ensuring you never miss a week of mental fun.

3. **Yearly Subscription with Special Edition:** The ultimate package for puzzle enthusiasts! Get 52 weeks of PuzzleWhiz plus a collectible special edition that celebrates the very best of brain challenges with exclusive puzzles, brain-boosting tips, and more.

Don't Just Play—Train Your Brain with PuzzleWhiz!

With PuzzleWhiz, every week is a new opportunity to challenge your mind, improve your cognitive skills, and have a blast doing it. Our puzzles aren't just games—they're brain workouts designed to keep you sharp, focused, and ready for anything life throws your way.

Why PuzzleWhiz and What does it offer?

PuzzleWhiz isn't just another puzzle book—it's your gateway to a world of endless mental challenges, creativity, and fun. Whether you're a seasoned puzzle solver or just looking for a way to keep your mind sharp, PuzzleWhiz is crafted to be the perfect companion for everyone.

Here's why PuzzleWhiz is the best choice: Puzzles are more than just a pastime; they are powerful tools that challenge and stimulate the human mind. From word games to number challenges, puzzles engage cognitive functions, enhance problem-solving skills, and boost mental agility. Research shows that engaging in puzzles can improve brain function, memory, and even delay cognitive decline, making them invaluable for people of all ages. Below, we explore a variety of puzzles and their specific benefits to the human mind and life.

Word Search

A word search is a puzzle that requires players to find hidden words in a grid of letters. Words can appear horizontally, vertically, or diagonally.

Word searches are simple, yet addictive. There's nothing quite like the thrill of spotting a tricky word hidden in plain sight! From quick 5-minute puzzles to deeper, more challenging hunts, this book will take you on a journey through themed words you'll love. Grab your favorite pen or pencil—let's get started!

Importance: Word searches improve pattern recognition, vocabulary, and spelling skills. They also enhance visual scanning and focus, which are critical skills in everyday tasks. Studies have shown that word search puzzles activate the brain's language and memory areas, contributing to cognitive resilience (Smith, 2020).

Tips to Tackle Word Search Puzzles Like a Pro

Here are some tried-and-true tips to help you master these puzzles:

1. **Give the Grid a Quick Look:** Skim the puzzle first to see if any words jump out right away. It's a good way to get the momentum going.

2. **Start with Unique Letters:** Words with unusual letters—like X, Z, or Q—are easier to spot. Zero in on those first.

3. **Think in All Directions:** Words can run vertically, horizontally, diagonally, or even backward. Stay flexible!

4. **Mark as You Go:** Cross out words once you find them—it keeps things neat and avoids confusion.

5. **Use the Word List for Hints:** If you're stuck, go back to the word list to break it down. Look for starting letters or clusters.

6. **Take Breaks if Needed:** Don't get frustrated, sometimes stepping away and coming back with fresh eyes makes all the difference.

7. **Watch for Overlaps:** Keep an eye out, some puzzles are sneaky with words sharing letters!

Why Word Search Puzzles Are Amazing for You

Solving word searches isn't just fun, it's actually great for your brain and well-being!

- **Builds a Better Vocabulary:** You'll learn new words and strengthen your spelling without even realizing it.

- **Improves Focus and Attention:** Word searches train your brain to focus, ignore distractions, and stay on task.

- **Strengthens Pattern Recognition:** Spotting patterns in puzzles carries over to real-life problem-solving skills.

- **Relieves Stress:** There's something incredibly relaxing about getting lost in a good puzzle—it's like meditation!

- **Keeps Your Brain Sharp:** Word searches keep your mind active and may help prevent memory loss over time.

- **Encourages Quick Thinking:** The more puzzles you do, the faster your brain gets at finding solutions.

- **Brings People Together:** Whether you're competing or collaborating, solving puzzles with others makes for great bonding moments.

This book isn't just about finding words—it's about finding joy, challenge, and a sense of accomplishment. Each puzzle offers a mini-adventure, and with every word you find, you're training your brain to think sharper and faster. So what are you waiting for? Dive in, enjoy the hunt, and watch those words come alive!

Happy puzzling!

Subscribe today and become part of the PuzzleWhiz community! Weekly excitement, monthly bundles, and yearly specials await. Don't miss out—your brain will thank you!

References
- Smith, A. (2020). The Impact of Word Search Puzzles on Cognitive Function. *Memory and Language Journal*

SUBSCRIBE

PUZZLEWHIZ

Name:

____

Address:

____

____

Postcode: __________   Phone: ________________

Email: ________________

Subscription

Weekly ☐ Monthly ☐ Yearly ☐

Please fill the form and send it by email to:
PuzzleWhizPub@gmail.com

Payment Information will be sent to your email and phone.

Puzzle # 1

```
T L H O E L I L A G R H E X C H A N G E U R O
P V I S I B L E O C G M X Q E F C E U Q R O T
I D A N M R Z H E U O Z N W Y E E J N H R E F
N W J Q Y A T J O K U H J N R R G R F R R T N
F E U C X N M R O M T U E V M M N O I S S I F
R C F N O I T U L O V E R R C I H U R T V L M
A L F A T D H F Y Q N H G F E O T N S Z M L P
S I I J W B L G Y N I X P G G N X O E X K E E
O P L N A Y P I O X A V E M P C C Z L M D T C
N S U E J K Y L T T H V E P J P O E E R A A J
I E K R G L I D E H C I I R G L B M C Q R S S
C A H D H U J L Y C E M S F G N S L T T K F S
L A N O I T R O P O R P U F I E E F R T M I X
N T U H T Q G Q I O Q K R H L Z R M O D A E L
I N T E G E R N N X S M U X P O V R N H T L H
M C I R T C E L E O R D Y H H K E P N Z T D B
S H W N E E P D U L G U T E U F R K Q B E I N
W R O R R I M B S Z V O L T M E T E R B R G D
```

TORQUE	FIELD	CHAIN
TROUGH	INTEGER	FISSION
DARKMATTER	GALILEO	REVOLUTION
SATELLITE	HYDROELECTRIC	VISIBLE
VERGE	FERMION	VOLTMETER
OBSERVER	GLIDE	ELECTRON
MIRROR	INFRASONIC	COHERENCE
EXCHANGE	ECLIPSE	PROPORTIONAL

Puzzle # 2

CALCULUS	WEIGHTED	JOULE
CLING	PITCH	DIODE
PARAMAGNETICS	SHIELDING	CONICAL
SAG	WAVER	LENS
WAVEFORM	SEMICONDUCTOR	WEAVE
PROPORTIONAL	ANCHOR	CHEMICAL
SKIP	SONAR	ELECTRICITY
MAGNETITE	MILGRAM	DETERMINISM

Puzzle # 3

```
Z D Y B K U S W E C I P O C S O R T C E P S D
T M N B J V Z P A G H J X A V C O L L A P S E
R G I P J F Y P A V R C D G K E H H I J K H Y
D F M O T L I P L C E K J A X D X B H T U O S
J H P X I K R Q E W E F E L B B U H N B P M G
D S U W S B N U R X X T O B Y L X P T C M U D
C L L T T N H A B F C N I R D A Y A H L A T S
I I S C C Q E S Z N I H T M M M L L E H S N K
N P E M W S D A A C C Y D T E R E K R F Y A K
O I C F E Z J R D T Q T D N F E W E M Y W U H
S K N D T T Z S I V A J Q P X H E F O A P Q Z
A E E W A A S W V C U S T K E T S P D J R A G
R J L M R H T Y V D O B V J A O P L Y J C X B
F R A Q B C E D S B T O Z R F S A A N K O G D
N W V G I O P D A C H C L P J I L W A O I D V
I V P M V W R C U C K G Q A G H S H M H L L X
X P H O T O E L E C T R I C N Y C L I V F X Y
K O P R O G R E S S I V E M U T G N C P E V Q
```

IMPULSE	QUANTUM	SKIP
COOLANT	INFRASONIC	SHELL
SPACETIME	LAPSE	VIBRATE
SLIP	COIL	PHOTOELECTRIC
WAVEFORM	VALENCE	QUASARS
SPECTROSCOPIC	SYSTEM	TWITCH
ISOTHERMAL	PROGRESSIVE	COLLAPSE
SOUTH	HUBBLE	THERMODYNAMIC

Puzzle # 4

```
O N P B C E D J N O T V L P U I Y Z T Q E S J
T G Z S S E L C I T R A P I T N A F C P P Z D
R D W R S X H W W Y T D I A D I A B A T I C M
R E N E W A B L E N S E Y G C U T D P W H X K
L M W H O W J W E W O O J H R D J C M R S D Q
A R T I S T B M G E O U E Q X E M M O T S G G
E R K U S L A I L I N Z L K T N B D C I C C L
G B P N E D C V O G P D C B S S K N P T O T G
N L K C N U O Q N H D V I Z I E C E E N J F R
A G F U E J S J I T H D T F S E X A T S V X Y
H X F D T C M F T Z E Z R E R E F R I P I E B
C I R T E M O P I I K Z A M R A A F H D L E T
X G I D R J L X V S A I P T L C C M N L O B H
E B Q N C D O X A M H A I L T Q A I F L N Z C
B E U A S I G Q R A S O L I T B Q Q T U T F N
Q X S D I N Y D G L N C O E C Z F Q K P L B U
B I T X D I S C I M A N Y D O M O R H C U V N
P H O M E A S U R E M E N T S T E A M W N D S
```

WEIGHT	DENSE	RENEWABLE
STEAM	DISCRETENESS	ANTIPARTICLE
ZODIAC	MEASUREMENTS	PULL
HYDRO	CONTRACTION	ADIABATIC
HEISENBERG	EXCHANGE	METRIC
CHROMODYNAMICS	FALL	EXERTION
SHAKE	PARTICLE	GRAVITINO
COSMOLOGY	COMPACT	FUNDAMENTAL

Puzzle # 5

```
V D J L M J O E X S S V G Q U U I Q P V S L L
P I C W Q Y S E V W G R Y H K N B Z O L E M K
B E M N E P T S V M E T E O R Z Y G R B Q K A
H J N A A I Q U T Q C V M C E H J K O H U H L
E Q E L X U L F T A E H B K A P G M A K I K C
N D X E L A C S C I S U M W H R B O S W V D H
H N T E X P A N S I O N W E Y A I Z A O A Q E
A A E Z A A A R X C R W N I R F S D H G L U M
N P N U J O R H A E H O E D G Z C E T X E A Y
C X S W N F X P M E M S M K J G G Y D S N N K
E E I S E S A O I E X E S S E R P M O C C T N
S P O E R C V S N K N T A X W Y A U I C E I H
T F N D I N K O Z T H K I A O U O U G K P Z K
R A J T Y B L G T R A N S I T R L Y I R D A I
E J O K A O D X B P X M K V N N M H T I R T U
S R D Q G E G M G N A L K B B O S E T R A I X
S A H Y W R P O T E N T I O M E T E R S G O Z
N O I T A M I L B U S X Y E P A E L P M V N Q
```

DRAG	EXPANSION	SUBLIMATION
QUANTIZATION	FUSE	METEOR
EXPAND	ALCHEMY	STRESS
LEAP	HEATFLUX	EXTENSION
POTENTIOMETER	TRANSIT	COMPRESS
BOMBARDMENT	GYM	ENHANCE
MUSICSCALE	CAPACITOR	EQUIVALENCE
LAPSE	DIRAC	PHENOMENOLOGY

Themed Word Search Puzzles: Issue 12

Puzzle # 6

```
C Z F Q W K R Y R Y L C D U S Q M B O Z E M E
I M U U W M E C I N O S R E P U S K C O N M U
S B K A R O T K S M A R G A I D I B M F D F L
E N F N P M E I T H D O W U N I L D R P Z R G
D H J T P E M M C H X M X W A M J P A G Y J O
O R G U P N O A E T A T I V A R G E H R B P H
E N S M S T N S Z L Q U R T T U Y T C Q I G F
G I C L W U A S G Q F H N R P Z X Y T B C A E
G U H P P M V E N N O I T A L L I C S O L L L
L A C I G O L O M S O C G M F U Q U I E T A C
F L X Y M T A A E I Q I K P E K M S W Y R X I
S F S Y R I G T U Q E P Z O E N I L C N I Y T
P I A W O E N A F T K F R L M V P J B L R G R
E E Z D Z N T J V Y U C P I G N I D N I B F A
K L M U T O X T T O I M U N T W Y Z G A J D P
C D J R M N R M A L E T N E I D A R G M A C R
A C A I D O Z Q K B Q E U F R B R P M D W N H
A D C S M Z S W T Y S T Z J P L T M Q U D M I
```

MOMENTUM	BATTERY	GALVANOMETER
FIELD	PARTICLE	ZODIAC
ATOMIC	BINDING	OSCILLATION
TRAMPOLINE	GALAXY	INCLINE
RADIUS	ARC	QUANTUM
GEODESIC	GRAVITATE	CHARM
MASS	GRADIENT	COSMOLOGICAL
AUTUMN	SUPERSONIC	DIAGRAMS

Puzzle # 7

```
O R M W B E T S W W S V U E Q Y Q B I N E U F
X T Y H M M K K O O I Y V V Y A C E D A O T U E
P E Z D E I R Z M L H I B R Q I N T L I Z A S
Y R T T P S W O R Y S S Z G E D R U M S G E B
I T E R F T M C Y S T Q A F R V Z B F L O O R
E O X C E E D P A L L I O L A L N Q A U J B Y
R N N P N V S M Y L U J L T G Y K P K P V G V
T J I T E X P A N S I O N I X Z P V T E O N K
V S U L R E Q U A C E O J B B Z D P Y R W I O
H M N J O E E V R B U T F N R I E T B U G R E
Z F W G T P H Q C L T Z V F O F T J V R D I K
A K H H K T M J G F Z R Y Y Z I P P J D P W U
C U E K O B Q A C I T S U O C A T V E L U O J
Q I U O J J Y P R D I O R E T S A C S C X N N
T S M Q M Y U P A T W O U R U J L C I Q S O A
N S T O I S C I M A N Y D O M R E H T R K U P
R N A Z T G K Z Y T I C I R T C E L E A F L S
L W R M D A V A O J F B A Y A A X W Z D X Z U
```

FRICTION	ARC	ATOMIC
EXPANSION	DRUM	GLUON
SUSCEPTIBILITY	SMOOTH	MOMENTUM
MASSIVE	JOULE	SKIP
ACOUSTIC	ELECTRICITY	ASTEROID
GLASHOW	REPULSION	FLOOR
THERMODYNAMICS	TRAMPOLINE	DECAY
WIRING	METEOR	VERTEX

Puzzle # 8

```
K H B V L Y T I V I T C A O I D A R U S P T M
P T G I M T E C R O F R E T N U O C T R Q N S
A Z K D J O S N N A E L I L A G A C N O K K W
D L R L K L H K G Y P S M G S R N M E S D F M
K P I T C H W A J G X M D Y U N U J I N C T P
V L E P T O N D R A D N A T S U R A D E J F F
F I U B U L W L H Z V M Y E C Y L G A T L H F
O O E L B A W E N E R M Y A X O D A R A P E L
R P M K G Q Z S T E C R V W W Z M U G A G B C
C P Y P V A T E E L I D B I C R E H P E D H J
E O K K V W A I G B M B U T W E G H R O V D Q
D S W Z D D G D S I R J R T D G A T M R J L U
B I J E U B O M L S E H S E M E T P F Q X U F
E T U H B Z R X N I H A T N G T L H L O B L X
F E Y S T A T I C V T P S L L N O L Z N S D W
M I R J Q H S J G I O A M E J I V E P K O H B
D X I A B N C O W F X T M I F R R K P Q F E J
Y Y F S Y S W T C B E H X E Y J G N M H E G C
```

FORCE
VISIBLE
TENSORS
BURST
LEPTON
STROGATZ
DIESEL
STATIC

PATH
RADIOACTIVITY
WITTEN
EXOTHERMIC
VOLTAGE
OPPOSITE
INTEGER
VACUUM

RENEWABLE
SOFT
COUNTERFORCE
PITCH
PARADOX
GRADIENT
STANDARD
GALILEAN

Puzzle # 9

```
K N D T A H N R T C O L O R B L I N D A T I C
R O E Y E C N A L A B N U C L O H C V G V T D
O N E G I L X C J B S X G A U U O U L S R F E
E O Z C T I O B G E E H K M E T E N F G I Z H
X H R Z H F V A E G R W Y S S P K O H N E L Q
P P D T E M M U L P V Q P A H U K I P I B V R
A W V A R C A D D M E Y D L I T S T Y N Z W U
N A G W M R A Y C D R Y G P F X V C N O E C U
D L O U O T G E O M A G N E T I C A X S L O A
E S E T C Z B C K Z G P G L U I J R T A T N O
D M T N O X M E T A L L O I D S T T F E F T P
Z H S E U J J Y A O W Q C C R Z V T S R E I R
R O N Q P J T N O Z I R O H V K V A A E U N S
N O H K L O U L S E L P I C N I R P D S P U W
T Q G X E X B S H Q C O H A I F C O V W E O H
O I T F V O J I R B A L A N C E D S L I P U O
W O S Z H O V A J L D N E P S U S W C C E S Y
P N R R E C I Z Z N E H T G N E R T S P Y K B
```

ATTRACTION	PLUMMET	SUSPEND
COLORBLIND	PHONON	GEOMAGNETIC
EXPAND	REASONING	UNBALANCE
OUTPUT	STRENGTHEN	TONE
OHM'SLAW	HORIZON	CONTINUOUS
OBSERVER	BALANCED	SLIP
PLASMA	METALLOIDS	THERMOCOUPLE
BLUESHIFT	BOHR	PRINCIPLES

Puzzle # 10

```
D N U O S O W A Y R T E M M Y S R E P U S B O
J L Q C F A O A A U K B E J Z B F J K E S E E
G A D I O X Z S U N P N G D E S N E D J K C H
T C E L C S P T Y Q A J R G V P P P X F K R I D
S I C I X J C A H N I L A U P L L G D I X R V
Z M N W S I T R H R G O Y R T A O V O N C T T
L E A A H K W F K V D N I Z N L A M X E Q C D
O H L V O M U I D A R N I I E J O E E M E E C
N C A E O I Z E Q W C S M W O R L C K A L L E
G P B F I O N L F I T R T U S B R E Q T X E A
I L N U A M V D P O E R M U Y O S L P I S O I
T Z U N O J S L R T O A T A F T Q B N C H R Z
U L R C A G E E L F D J C G C Y U A I Y G D E
D R O T U V D E F E C E A W V T C E R I D Y R
I D E I T A Z E W N D R M A K C P M B Z J H G
N J I O U L P R Y Z D A I F A L X R P M L K D
A U N N M B S U B A T O M I C K E E N O L T X
L W Q C N S E K O R T S F P U V Q P H E T E E
```

PRINCIPLE	TERMINAL	AUTUMN
HYDROELECTRIC	STORED	ANALYZER
SUBATOMIC	PERMEABLE	KINEMATIC
DRAGFORCE	DENSE	EFFORT
SOUND	WAVEFUNCTION	SUPERSYMMETRY
STARFIELD	UNBALANCED	SWING
CHEMICAL	STROKE	LONGITUDINAL
DECAY	DIRECT	RADIUM

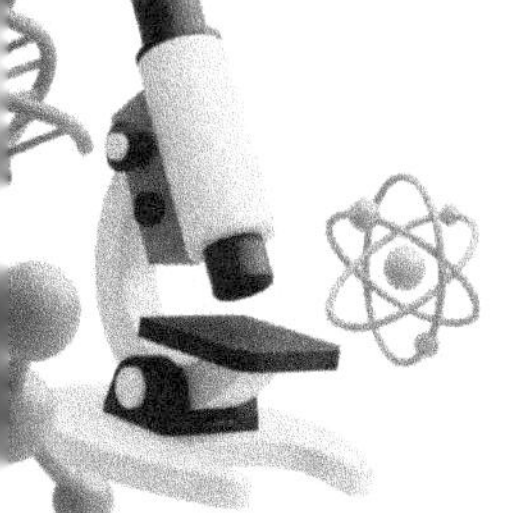

Puzzle # 11

```
E S U V C O L L X Q F C I F I R O L A C Y E W
T E Z X E Y A A F E B E R C H G H U Q U D Y B
A I X S E J R T M W I Z F C O N T I N U I T Y
T L D R E L N I J L E D I S P L A C E M E N T
I V R O S S F B G Y O V C Z B R N V G Q G V B
C Z D T P N G R G U G N I I V B Z F Y T X W Z
A Z C A I W Z O S M F X R S R G N I L C D Q Q
P S T T L J J T E S U P E R S T R I N G K V E
A O W I C L A S E Q S B W A V E S U Y K Q H T
C L F O E N Z Q D R Y H I A P C R D W S D I P
V U A N D J U B I R T K P D L R D G J T E X V
Y J S I F A B L E Q I E E O T S O W O Y G T I
V X N P T S L A S Y N K X S R F M E C R B A P
X G C I L R U E E U U E N C W D Z H R Q P Q S
N V O L J J E H L M E M M V A Y U N O V H O C
I N V E R S E N O C I T E N G A M A R A P V L
S K E P N R K M I Y G R E N E K R A D V L I H
U K W T U I N T E R A C T I O N L A U Q E T U
```

EQUAL	ROTATION	CALORIFIC
DIESEL	PROGRESSIVE	OHM'SLAW
INERTIAL	INVERSE	INTERACTION
DROP	FLEX	GAS
ORBITAL	CONTINUITY	DARKENERGY
UNITY	DISPLACEMENT	CAPACITATE
CLING	STANDING	SUPERSTRING
PARAMAGNETIC	ECLIPSE	EQUATIONS

Puzzle # 12

```
D T Q O Z Z D V J Z T G G P D L P C H V B L H
T Y V B Q C R Q A M R T R E L K Q B Y M U I L
C T U S L F M S L H A K A O O G G A D T F Z Y
T I I E C L M B E X V D V S F B B Z R Y M J T
R U Q R Z I J F V C E Q I C I S O T O P E S I
A N H V R S T G E Z R C T I N H C J V R L K L
N I Z E S N C A L F S C I L A E P L A W E J I
S T A R V O N S T C E B N L M I B B P D K M B
P N O G S B M K T S V U O A J Q O Y O U W L I
A O W M E P M U R C L U F T R T C H R D S L T
R C I M J E B A Q K H O F O Z Z T A A E S E P
E C R B J A K W G O X G P R L A W L T C L R E
N J H O Q A A P A T T S F G E K O W I A M V C
T M L A R T G H E L Y L Y B L P U Z O Y W X S
W S L K S S A G A N E B U R S T C H N P I E U
A E J J D P H O T O E L E C T R I C P K A L S
L A M I S E T I N I F N I A Q A G A D H E R E
L B O Q F L U C T U A T I O N I E Y G K M S E
```

FULCRUM	BURST	ADHERE
PHOTOELECTRIC	LEVEL	CONTINUITY
COSMIC	ISOTOPES	STATICS
HYDRO	VAPORATION	TRAVERSE
DECAY	SUSCEPTIBILITY	SAGAN
OBSERVER	LAW	OSCILLATOR
TRANSPARENT	BEAT	GRAVITINO
MANIFOLD	INFINITESIMAL	FLUCTUATION

Puzzle # 13

```
B C K T I H Y J E Y C E U C P H Z J Y K X F R
R I E Y N Q P L Z K J Y P R T E M M U L P A E
R T E C E E Q T N Q M C D H H M B A E O D L E
H S Z P R D I U Q I L M N W M D R M K I C S T
O I E O T C L K F U T F X G T P B D O I R R T
I N D K I Y F V Q I M A N U S T L A T E P N R
C I E R A F S M S P E C I A L E C R V B E O A
G M S T I S N A R T N Y S F I T A A A M T R U
K R U C C I G L A S H O W F I P R S D C X V U
V E Y T I U N I T N O C E V I T O R U C L N T
O T Z A C H S A B G E C I T W A A D A B C Y C
C E S E V E S N E D R T N A O B N M T L S T J
Y D R N Y U L F U O Y A K T M O F T Y T U I O
X G H R W T W F F S L J H O C T R S A M R G V
Y Y X A L A G R E D O R B I T X F V G S F E X
J E G N A R T S T R K N M A M Q S E E S A W G
L T X Q B Z B P N O C E W J H Y Y A C E Z G I
H I G H E N E R G Y S P A R A M A G N E T I C
```

INERTIA	PLUMMET	SURF
TRAVERSE	STRANGE	CONTINUITY
GALAXY	GLASHOW	FORCEFIELD
DENSE	LIQUID	REFLECT
ANTIPARTICLE	PARAMAGNETIC	TRANSIT
BOMBARDMENT	SEESAW	WATT
TSUNAMI	RADIOACTIVITY	SEMICONDUCTOR
SPECIAL	HIGH-ENERGY	DETERMINISTIC

Puzzle # 14

```
R O T I C A P A C D I A M A G N E T I C C W P
A R C U B P W E G J F U B B A P B P P I P L S
G E O I X X Z L I T M F U E L N P H I M R O J
X J M W H P E K N F O A Z Q K E V O Z B O O D
W Z P C C K R T E A O J Q L S U T V R Q P W W
P Y O V U Z I K R E N T L R K M P J C D E L W
J T U J W V O U T E I F G B S A X A G W R R X
R I N J J D B P I B V N Z S T T S F Q L T I A
C L D R H T B J A W Z C T Y T I N I F N I H B
J I E B O L T Z M A N N P E S C H K K X E W X
N B Z V A F F B P H I J D C N W O O U B S Q R
G A T N E U O U J E G B R A I S S I I U I D E
L B Z W L L C G M T R Z S X G N I U U Q R D I
R O K C Z O F Q Z D J I H Z Q V T T B F L I R
B R T V M M A T H E R M O M E T E R Y A O B U
M P A E O W F R A E R J F D D G J X H W F U O
I X T D E F E R M I O N I C H J L B E N T P F
X I S S E N T H G I R B P L U M M E T E J B L
```

INERTIA	COMET	FUEL
BENT	INTENSITY	PROBABILITY
DIAMAGNETIC	BOLTZMANN	COMPOUND
PLUMMET	PNEUMATIC	THERMOMETER
PERIOD	FERMIONIC	INFINITY
PROPERTIES	MOON	DROP
WHIRLPOOL	BRIGHTNESS	LEVEL
CAPACITOR	FOURIER	VERTEX

Puzzle # 15

```
H E A T F L U X E X O T H E R M I C D E Y P N
B H P Q C S R Z H C S V N Q V V O L T A G E G
F E I V U G N T T H E R M O M E T R Y C D W M
A E S C C F Y S J P D M N O I T C N U J N O C
S H O B N H B I W B H V Y F I N G A M O N U F
Z F V C F E R M I O N O I A H F L M U P C R V
P A D E V L O S E R N U T M X A U G S U H M W
G I Y L L F B D A Y M J N O I D J V J J E V H
G G E M L V R M M H I J F T E E A H V A M S A
C E N O U A J O W Y Z L S I T L R E M C I X L
D V I V G B L W W S N E G K S V E M M Z C C L
V I L Y A W A Q R T L I N E U S A C U B A Z E
V T E Y K U H U T E U R O T Z J I L T G L D Y
P A V K Y N L M C R L S I A T H X O O R U D P
T L I A N D I T H E W I S R Z L B Y N G I M Q
A E R V N P Q L P S S L N G W A L S M H O C G
T R D W I I B U S I C G E I E D F A U D W B O
Y D D J A G Z B T S L J T M R E A C T O R Y D
```

TENSION	DRIVELINE	CHEMICAL
SLINKY	HEATFLUX	PHOTOELECTRIC
UNRESOLVED	HYSTERESIS	DRAG
RELATIVE	REACTOR	EXOTHERMIC
FOCUS	FISSION	VOLTAGE
CONJUNCTION	CELESTIAL	MIGRATE
VAULT	THERMOMETRY	MAGNIFY
FERMION	OHM'SLAW	HALLEY

Puzzle # 16

```
V M V R S B K T F J U Z T D D I H P R T H U R
R L A D E S C E N T B F S I L I F T M G F V Z
M O C J V S H G R H Q L E Z T I D Y A F L O C
S L W Z B M O L U O C M R J U R Q R J K P J S
P D Y F X S P H L A R B Y K R A I S U Y C S D
E D A E J D N P A B B E Y V B E Y B H M A E O
L F K X A B K Y P V A C L S G G H K G O Z G P
S E C I R T A M T N C K C A P G J C G W M R P
G B R K R X U G A R O C Z F X X U Z Z J R A O
R Q S P H E R E S N A I S P E A K E R I L H M
E A D H E I G H T R V N T T Q Q T Y D B D C F
B Z K I P K Q A N O W P S A S X M I I Q H A L
N C R A S H S N G R T C T L T I F Y O R U Y Y
E L P J E V D E U R O Z O B U L W C D N A A S
S I Z L V P N B U I F J Q N L C U T V R J D G
I N F J X Q S U K M E S U T R T E C X Q T Z J
E G G R A N U L A R I T Y O F B C N C H K J D
H Z T G S R J A I L K T I R E N I H T O V S B
```

LIFT	DESCENT	CLING
DRUM	SOFT	SPHERE
REST	RELAXATION	MIRROR
SPEAKER	NEBULA	COULOMB
SOAR	CRASH	X-RAY
HEISENBERG	OCCULTATION	MATRICES
GEAR	HEIGHT	TRANSLUCENT
GRANULARITY	TWIST	CHARGES

Puzzle # 17

```
K Z E O D P A R A M A G N E T I C L A H M F L
L V N G F Y T B I G B A N G G C A D F M S G M
L F Y R H A T C A R T N O C W R S L X L X A G
H H A S N J A I U E V T P L C A P S M O O T H
P M Z G Y G R E N E O I B E O F V V H X G Y B
E R E T N E R A P S N A R T R G C E Z U N Z N
R N G K B A L L I S T I C S Q C F S G Y U I T
T I R E E Y B R S T V R R R D G U C E U A T H
U V A L T I T U D E O F A Q L H A S N G I F H
R L V J V W X A U T W C C J T I X K S Z M D G
B E I H D J S L A F Q N L L E S R D X I L E E
A K M R R W J L I Y O Y U R I C O J Z C O H L
T K E U Q Y U B T B J X M W D F T L L H Q N Z
I Q T Y B S Q B E B Q U K S I D C O O H M M A
V J E L N D I L A B Y N N Y K L A H R U J N E
E T R I N J J S J G N I L I A S E J E Y F U I
T C O N V E C T I O N T A K T G R X W D K A W
K K J D B F M U W R O Y B L A C K H O L E L U
```

TRAJECTORY	ALTITUDE	BALLISTICS
REACTOR	CONVECTION	INSULATOR
SMOOTH	NOBEL	FRAME
BLACKHOLE	BIOENERGY	SAILING
TRANSPARENT	PARAMAGNETIC	DISK
PERTURBATIVE	TANGENT	GRAVIMETER
WAVEGUIDE	CONTRACT	PERCUSSION
BIGBANG	KELVIN	UNITY

Puzzle # 18

```
U D C I Z B Z D F S E M N R F J X G C E X C Y
A O I E R L X R E O Q Y C V O N O I T O M D N
I D I A M A G N E T I C I A S F R C E Q N N O
H K Y L A P S E L E R D L O H X R O F C T Q I
X I S H B Z Y X C O S Y C O N J D N T D W E T
X G V Y V R J E T A Z N G T H I S S H X H T A
U M L S A X I S Q F R A P U F W Z T P H I R M
D S T Y G P I V V F Z M R I V G R A F L R F R
U O Q I E S L E D N U O P M O C A N T Q L Q O
G G W Y E F O R C E F I E L D D E T J I P Y F
R B E R D E T A L I H I N N A I O N A O O Y S
A H M Z R C I L U A R D Y H F T I O U Y O N N
A T E M A E R T S P I L S K E J Z B A R L J A
S N O O S I S E R E T S Y H S T H Q O P J V R
N Z X M S F Z N E X T N E M E C A L P S I D T
G I P Y I T C E R W M V R G V N E K C I G R L
M V Q W K C A C S W X U P X T M F M S S T L S
H O R I Z O N T H T A R R E A C T O R G M Y I
```

FORCEFIELD   COMPOUND   SKATE

HYDRAULIC   EYEPIECE   ANNIHILATE

DIAMAGNETIC   HORIZON   MOTION

CONSTANT   ATOMIC   REACTOR

IONIZATION   RESISTOR   HYSTERESIS

LAPSE   DISPLACEMENT   SLIPSTREAM

ZEST   WHIRLPOOL   ION

RHEOSTAT   TRANSFORMATION   DYNAMO

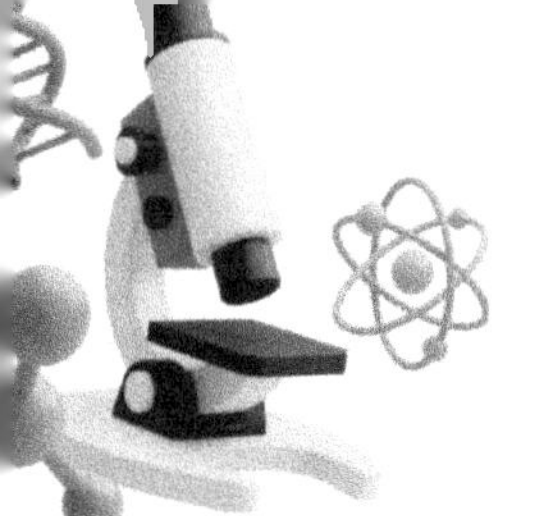

Puzzle # 19

```
T V Q K Q R N R C R B S S R A L U C O N I B Q
T E N S I O N E L E W T R A M P O L I N E F T
B X Y Y T Q B E L J W A N K L V O E X B T J B
S H K R A N O S Y G F N K N K C T H G D C W B
G S P J O Z P C U F B D U D D N R W E M E M N
C D E N E D I R E C T I O N A M E G R Y R R S
I S Y R J R A L O S C N Q R J B R L P R I I T
N F X G P F P C Y M G G E G B A I E G C D C R
O S A R R M X Q R U D G J X H T X P K G W H E
S F L O A D O V A U I E M C U E D E M P I H A
A W A T P R H C Y R I L I U O T A N Q Q K J M
R S G C T H M I F L L S I V T I N D Q G E F L
F C G E I A Q E H G C Q E U E T G U M B D Z I
N I P V P H R Q P Q K C S R E E L L J A D H N
I M C Y K B V E A U Y I J I B N E U Z C Y Z E
E S A E L E R G M D T F M Z R G P M R D P I M
X G U E R F B A E D P V J H F A H I C Q S X X
D I U Q I L W O G Q Y T M D A M K M L L C N X
```

TENSION	STREAMLINE	RELEASE
JIGGLE	CHARGED	STANDING
DIRECT	COMPRESS	VECTOR
PENDULUM	EDDY	DANGLE
REFRIGERANT	SONAR	MAGNETITE
REES	DIRECTION	SOLAR
CRUISE	TRAMPOLINE	LIQUID
INFRASONIC	GALAXY	BINOCULARS

Puzzle # 20

```
E L I T C E J O R P H T A T S O M R E H T W C
Y F S O U T H I T S R U B T Z E J N C S L I L
N H J A Z P O A J F X A G H L N A O C E M S A
J O X W C T L V U U R P W K X O N I G O I U I
F U I A L W X L T I Z H P O Q S V T T H X N T
Z A F S V I N X F E C L I P S E F A T G V B R
W K M S I Y T I D I G I R P V A B N N O M E E
A Z I T G L C T M A L J L O M U N I L E O A N
D Z I E Z K L X I L Z R W S S U N M O G A M I
A A G A M Z U O P R J A E I V U G U C N F K S
Y B K M S A S W C C N L N T T I K L O D E O Z
Q J G N I D N A T S G I I E N L M L M Z K D Z
N T O M Q H E E J G C B V A Q U M I O C F I D
Y S C W P B R S I Q M T B L F A R E T T A M Z
V C X Y M F G J U J F T C N E P Y A I X G H D
L I O C E R E L A T I V I T Y K W L V K W R D
N U X R R L I W B F O O D T C X E J E W C N N
T S S G L X J O K F G U Y K I C R T K F L T L
```

RECOIL	OPPOSITE	LOCOMOTIVE
THERMOSTAT	STANDING	MATTER
INERTIAL	KELVIN	COLLISION
PROJECTILE	JIGGLE	ILLUMINATION
TUNING	RELATIVITY	ECLIPSE
VOLTA	RIGIDITY	BURST
STEAM	SUNBEAM	SUBATOMIC
SOUTH	PAULI	SMOOT

Puzzle # 21

```
J C O A Y H A A O Q D E R I V A T I V E S R Z
B E Y L A L N N U I I E I V S O B S C S E I B
T A G J D X W K H K X F R E Y J M D E F G T Y
A P R O T C U D N O C I M E S U R Y R P Y D A
E U A S I K F I P X W V I Y I B X A O R H C P
H C G T K D Q L E W H I K D X M C I U O D E T
C Q D B H D A R J J I E A N A T B B H B E P N
I W V A I N T A F Q R R Y R I I P R O A C O E
F Z J P E F W N A Z L I W O P A R U Z B N C M
I U F T O Y X O B C P E N I Z W U I W I A S E
C W A S E G O S R N O U M L T E S P A L L O C
E F R E Q U E N C Y O B L N N E Z T V I A L A
P I N B T F S V D F L I L L E Z T H E T B L L
S O U T H N C O N C A V E M R N F V G Y N I P
D P H Z A U O B I Y P Q I M O P A F U F U C S
P O B L D D Z I E Q R S V O L U X E I O Y S I
H A K E C N A T S I S E R L L I M G D S X O D
U G N X W W F U E E S L C T C Z P C E J J B F
```

RESISTANCE	PATH	VAULT
CONCAVE	NOISE	MUON
OSCILLOSCOPE	EXOPLANET	DISPLACEMENT
WAVEGUIDE	SPECIFICHEAT	FREQUENCY
PROBABILITY	SOFT	SOUTH
DERIVATIVES	UNBALANCED	WHIRLPOOL
REFRACTION	SONAR	COLLAPSE
SEMICONDUCTOR	LORENTZ	RADIUM

Themed Word Search Puzzles: Issue 12

Puzzle # 22

```
T P A E K C K F O U T G C N U T F J S R T U W
Q U R S Z M E C W E M O O N O B U J Z D F M D
T V K O M I Q D H L B X O S C I L L A T E P E
R J D X P S L Q U X Y L P O E D S P Z H Y R S
Y Z I O A E P L N T Z F K H Y P I S G B C E R
R P S X G G R A A D I P I E T V W R I L O M E
E P P N H K E T C T X N X N J P A X A F U R V
V E L L X S L K I E S Y G P G T L Q Q C P O A
O R A U U B C E V E T Y A A Z A E J K P L F R
C K C F G G M L B O S I R A M T M C C M I S T
S X E J O J X V D Z V I M C N V T C E F N N G
I I J M L A N O I T C N U F E K M K X T A G A N
D E E L M Y C N A Y O U B O D I E S Y Y V R A
X X N W Q J E S H M T X W A J A W T E Q E T B
I W T E N I L M A E R T S E Q H S E T I X F G
D O N I R T U E N W Z E D Y K R E K X M R X I
W Q O N X J Z H R W T Q Z S H P Y E L U C U B
J X X R W K Q F O F G W Y H Z S E H J Y X L C
```

BUOYANCY	MAGNITUDE	SPACE-TIME
PLUG	TRAVERSE	FUNCTIONAL
BIGBANG	KELVIN	BODIES
STREAMLINE	MOON	CRYSTALLIZE
FISSION	COUPLING	CURIE
DISCOVERY	DISPLACEMENT	OSCILLATE
TRANSFORMER	MAGNIFY	NEUTRINO
FUSE	DIRAC	PROPERTIES

Puzzle # 23

```
Z F O E F R E T T A M I T N A D C G G M P R V
I N T R V B N O I T A T I V A R G Z S J O C D
N Q N U B L H W E L A S T I C I T Y L T L X T
F C W F X X O L B E R S S D S F M C I I A Z H
I T E D U G D E T E R M I N A B L E N B R I E
N O I T C E R I D G K P U I J R T C K C I U R
I V F M J K C V P P V Y S I T W Z V Y I T Q M
T U Q Y R B O V K Q R E T A N O S E R M Y G O
E L P O A K H P L R X V Q J J N N O I S U F D
S D E K C Q E X Q T U M S X D E C T K I B S Y
I S A O E H S A G M U I R B I L I U Q E T Y N
M I T W S I I E C Z A K H K M R S U T S E B A
A N Q I D C O V O S C I L L O S C O P E R C M
L G U K I L N X M T L A C I L E H Y Q U M I I
E Q D E I D E M U R C L U F L U X H O R I N C
S S M W T Q C R H Y R A N X K V B J A G N P S
F B U M M E T R I C C I N O M P T Z Z P A D P
K Q S V V M Z Z C O L L A P S E T U G T L I G
```

COHESION	GRAVITATION	DIRECTION
DAWDLE	SLINKY	COLLAPSE
OSCILLOSCOPE	METRIC	EQUILIBRIUM
ELASTICITY	RESONATE	FLUX
SQUISH	FUSION	POLARITY
INFINITESIMAL	FULCRUM	TERMINAL
HELICAL	THERMODYNAMICS	SEISMIC
ANTIMATTER	OLBERS	DETERMINABLE

Puzzle # 24

```
Q U H H B D I U L F Y T I L I B A E M R E P H
U Q S J R H P D V I X B O H H G R S I L Y U T
A B V S H B U G N O I S S E R P M O C F T F V
R M R X I H A W K I N G M X A Y K F S U I R N
K R C S F Z L B M E C H A N I C S P E N L B O
S Z V G O O S E N O H P D A E H X C D C I R I
B L K R A L U C S U P R O C G V N N W T B Q T
N A K J R O S C I L L A T O R E A Z U I I I P
J S L Q L A C I N O C U X F R B H C B O S N R
G R K L S A B C I E P T M E R V C Q T N S T O
N E Y Z O J O E K V B E H E R I T O Z R E E S
I V S Z H O B P E M E O B A E R I I D M R G B
L I S A T Y N N B F C B W J M G W F T V P R A
I N H A G B R N D E U R L Q M P T L G L M A H
A U T V S F A X D R D A K T U M L T U J O L S
S B I U X L Y G R E N E H G I H Y I D Z C V A
V G K R A E L C U N H M H P Y C O O F A S Y D
Z V I W A J T N E M E C A L P S I D W Y C X K
```

COMPRESSION	DISPLACEMENT	AMPLIFY
TWITCH	COMPRESSIBILITY	DECOHERENCE
HAWKING	UNIVERSAL	FLUID
CONICAL	OSCILLATOR	BALLOON
ABSORPTION	FUNCTION	HIGH-ENERGY
INTEGRAL	MECHANICS	NUCLEAR
SAILING	RUBBERBAND	HEADPHONES
PERMEABILITY	CORPUSCULAR	QUARKS

Puzzle # 25

```
C T L O V V S A M S K A B E X Q D G Y N X V R
V E S B P W T S D M D S U C S V Q Y T D M X D
K W A U C H I V V I C N Q S W A G J I R C A J
C O O F R M H T I H A M O N P V E J S S L X Q
P T J D O H T D R G W B Q I O X S L N C J Z I
L E X T Z M T Ö D P L S A S T I S C E T W H T
O N A I X G D F T P L Y F T B C S J T R T E N
F G S K N I G S F W V U H K I X E S N P P L I
G A G T N D F X W G K W G K S C Y V I K S I Y
U M B G R D U S K O G G L A S H O W N M Z C X
A M E T A E N C H F X P I R I Q W N I O E A S
I R E C S I S R T A N O I T P U R E U S C L H
I N H X B U G S G I D H N A I J I F S X J B M
G B U A Q T A V L L O O I U F L X I C H E R Z
H W B J B D L H H H M N W E C O L L A P S E D
A L B V B W A K X T L A I T N E R E F F I D R
R O L R M P X X M E H P L I M A N U S T B F Y
O F E J T Q Y X P H E N O M E N O L O G Y A X
```

THRUST	EXHAUST	PLUG
INTENSITY	EMISSION	ATOMISM
GALAXY	GLASHOW	STRESS
RELEASE	CONVECTION	SHADOW
COLLAPSE	MAGNETO	HUBBLE
PHENOMENOLOGY	HELICAL	ERUPTION
ADIABATIC	TSUNAMI	DIFFERENTIAL
INDUCTION	SCHRÖDINGER	CLAD

Puzzle # 26

BODIES	BIOFUEL	SQUISH
BIFOCAL	CONFIGURATION	SOLENOID
CURIE	BOMBARDMENT	GEAR
OSCILLATOR	STRENGTHEN	POLARIZED
INDUCTANCE	HYPERNOVA	ISOTOPES
FLUCTUATION	DAWDLE	COHESIVE
CHANGE	MICROWAVE	OHM'SLAW
FLOODLIGHT	THORIUM	UNITY

Puzzle # 27

```
V W A O P R D X P H B Y V A U Q D E S C E N T
Y E U L A V N E G I E E L B C K K F J X K T H
F E A X U G P I N H Y F Q B N H M T E I L R U
N S S C I P O C S O R T C E P S A Q J U W A J
D K C U T U A T M U L U D N E P Q R M Q L N Q
R R F I F J X W R M U J M N N S T I G N K S O
Q X R B T A C C I M S I E S W Q N V E E Y O O
R U W Y R P C C T R E M O R Q O G N L G D E R
P Q A B R O O O K B D W E Q U P Z C R T Y R T
P R O R I T C H R D V X L S U L W E L C F S G
C T Y G K P J E C N E R E H O C N M N S V E E
N Y Z X B X I S C I A T L O V E V A Y I B P N
Z D X N Y N Y I W Q Z H S Z K S Y Y K N G E E
N E G F V V W V N F R E I R U O F K D S F T R
A Q W E C A V E W G Y V A L U H R N M W T N A
U Y R H V M O Q Q K E D V B K D P I S J G S T
D S P E I K P S D I O L L A T E M L E W E O O
E L R T F N T I C Z K E K T E K Z S L Y A M R
```

BUOYANCY	SEISMIC	PENDULUM
TREMOR	DESCENT	QUARK
GENERATOR	COHERENCE	WAVER
EIGENVALUE	SLINKY	METALLOIDS
COHESIVE	FUSE	CHARGED
DARKENERGY	TAUT	FOURIER
OPTICS	SPECTROSCOPIC	LUMINOUS
VOLTAIC	TRANSVERSE	INVERSE

Puzzle # 28

```
T J U G Q H G U O R T X C I G M F Q Z N N K A
E G D N Y O E G M S X O M A G B N C G O O K W
W P A L E P O C S O R C I M M O Y D A I O G X
X W Z P A R A M A G N E T I C S R R V S L P A
V T R A N S F O R M A T I O N E X I A S L P C
I N R E T E M I V A R G S T L A I P P I A H A
L P R O G R E S S I V E S A C O S T A M B S D
I M U U N I T N O C V N T C Q C B Y L E E Z G
F F F V A S N M E I Q I E A S E F V S L T A U
N B H C X O H Y T P V L O G I D V W P T R N N
Z Y T L T B J A W I E O C A S S P I D D E C R
J K A W J N V E S R J P U M O U C U Y O E M E
S H E Q Q I M T A W W M Q M R N R R C G Y S S
E N M W R L I T J P M A T A I E O A R E O Y O
Q R N E T C I K D U X R I R C G M U N F V T L
N L D S I O B R J S M T P I D E S U F I E F V
L U O E N I L E V I R D S L B N G F C X U G E
Y E V V J Q Y E U T G S V W N H H Y A K F M D
```

DRAG	SURGE	DRIP
TRAMPOLINE	PROGRESSIVE	UNRESOLVED
TRANSFORMATION	DERIVATIVES	ACCELERATION
NEWTON	SYSTEM	MICROSCOPE
EMISSION	FUSED	CONTINUUM
URANIUM	DRIVELINE	GRAVIMETER
BALLOON	TROUGH	GAMMA
PARAMAGNETICS	RELATIVISTIC	PRINCIPLES

Puzzle # 29

```
N X I D O B S E R V A B L E U J V K S O N K N
O L J W V N I W K A L S N V W O O F Z H C S N
I A A W S A A U O B M F F W E K T M Q D L T T
T P E A C F M P B O P Y G N I D L E I H S A M
A G V G A M O P L D G I A L I A D F X M I N B
S V O L L G T M A I R Q M C X T F C G T R D X
N M V U O O E G C E C C N O S U P Z O P U A Z
E O E O R Y N D K S Q I G G S O C F Q M G R D
D X H N I A G E B Z L X S I T J O K O P E D E
N U U S M B A K O E E V O E X R A Y N C O T V
O Q N D E N M M D S U N N E L E C T R O N N I
C Y H L T Z O L Y T D T E T A L U M U C C A B
V S H E E I C O E U I N J M R O F S N A R T R
V H P G R K D P M A J J V S H W H E E L E R A
V L P I C C P P L U V M F A P G J D O G K L T
R W Q H N D H G J C Z W E G P M E E Z G F C I
S N K Y A E F B X H P I Z A X E K E D L U V O
F N V Y I Q D B F E I B H N S E L R H Z C F N
```

BODIES	MOON	ELECTRON
TRANSFORM	DIFFUSION	BLACKBODY
OBSERVABLE	SAGAN	SPIN
COMET	CALORIMETER	ACCUMULATE
X-RAY	STANDARD	TEXTURE
SHIELDING	VIBRATION	POTENTIAL
ZEST	CONDENSATION	DUEL
MAGNETO	WHEELER	GLUONS

Puzzle # 30

```
M V D K N F R H T Z V U K H N A O A S N B Z S
C C O G H R E A Z N W F M C O N T I N U O U S
S I I P T R L K D Z V O H F I O R Z F E X R E
O R R V A L E N C E L R A E T A V E L E F U T
S T E D G N M H U M Y C H S R D T M I R D Q A
P C P O F S M U R P R E S Z E N V A C E B V G
A E I R A R K Z Y H D O P C O B N E I F O M A
T L Z K E G Z H M V U T I I A O Z R T L X V P
N E C I H S Y M Q T V B T K T S N T A E M S O
Q O Q H T H I A H H E A T S N O K S M C W M R
Z B A R E E F S T L R K L W E N Q P E T J M P
A I I U I M N C T B W W S O I A V I N M T Z R
C R T C T Z Y G I A Y A S K L L X L I O Z O W
D T H O O A A V A M N A L N I K E S K V S H E
E K B J A A F B P M L C Q I S V Q L R N J U O
K C A L O R I F I C E G E M E J G S E P D M U
M H Z Q J I L U A P G D M L R V U T P Q B X N
U V N W X E V I T A B R U T R E P X P I C F X
```

FORCE	SLIPSTREAM	RESILIENT
PROPAGATE	LEVEL	SOUTH
TENSOR	ALCHEMY	RESISTANCE
VIBRATION	ELEVATE	DECIBEL
VALENCE	DEMAGNETIZE	CONTINUOUS
TRIBOELECTRIC	KINEMATIC	CALORIFIC
PERIOD	REFLECT	BOSON
MINKOWSKI	PAULI	PERTURBATIVE

Puzzle # 31

```
A O Y Y L V X E E X G N X B Z A C J D Q X U E
M N S O K E Z G N S G O G F D T F T S J S O W
E I T S D Q N N I Z W U R O U O N U Y L I B Y
H T K M W J E A L S O G E Y C M Y R J A K S T
H T A G S R R H O W P T B D O I O G A L J W I
T S G L P Q O C P E Y S N O E C T R R H S X L
S P I N I W L X M L W E E B L I B Q D E B U I
S O Q R E H P E A L D N S K E H I B W Y N F B
S L E E W L I H R Q B P I C M C R S Y Q H E A
E O E L Y P E N T T R V E A E O Y V O V K L B
N N N E B K K V N P G D H L N O C I X T W O O
T I C V W O P C A A H H T B T N K L M C O E R
H U W A X I N Y I W F A F U N C T I O N V P P
G M T R J W G D M J Z D D R I F T V I H C B E
I Q V T C I R C U L A T I O N F M R O C W A B
R N O I T C A R T N O C Y E T A G A P O R P H
B K K F F E Z R V T J C U R V A T U R E M T V
V Y T K O D E Z D F C C L R Q Y Y S H Y Y B Y
```

DRIFT	HYDRO	TRAMPOLINE
SWELL	BLACKBODY	BOND
ANNIHILATE	LORENZ	ENERGY
CIRCULATION	WAVELENGTH	PROPAGATE
HEISENBERG	ISOTOPE	CURVATURE
POLONIUM	ATOMIC	CONTRACTION
BRIGHTNESS	PROBABILITY	FUNCTION
EXCHANGE	TRAVELER	ELEMENT

Puzzle # 32

```
L E B I C E D T T E C L I P S E M X R I P H H
H I M R W Q R P A R T I C L E I M S M Y T I H
E D D T I E A O M A N Y D W U R F U I X T Z Z
N X U P V R V Y T Q U V T A I P M F I R F Q T
U Q U N Y A P L M Q D R R T C N E R J Z P P E
D E O R M G J M Z N I A H I L X F L P H Z E J
I C T Y U A G E L B A V R E S B O L A I H Q Y
L A E L E C T R O S T A T I C S S J A S G N Q
A P E B Z H N E U N R E S O L V E D G T T H Z
T A M P E E L E F C M C M Z G Q J E K D I I Y
I E T O Z E U Q I N F R A S O N I C A V U O C
O L S N C C A L C U L U S G N A B G I B H S N
N I N T E G R A L R D L Z H K B D C D K V N P
W H R H A U X O D P D A E R H T M S E A S Y D
J I K N P F K V W U Q B T I Z V I T E L F U T
C N U Y Q Y R T E M O M R E H T T O P B Q T Z
P M Y U S X G H I N E R T I A L E B S K N J S
E F S T A R F I E L D E M U I R O H T T E Z O
```

ELASTIC	CONVERT	PARTICLE
DECIBEL	INERTIAL	OBSERVABLE
THREAD	DYNAMO	CALCULUS
LEAP	PRISM	UNRESOLVED
BIGBANG	STARFIELD	INTEGRAL
ELECTROSTATICS	SPEED	THERMOMETRY
INFRASONIC	DILATION	INFLATION
ECLIPSE	THORIUM	TRIBOELECTRIC

Puzzle # 33

```
M P H O T O N S E K S V P S C I S Y H P P Z L
W T F A Q M G K F T D L N C I N O I M R E F D
B G S I A U L T R A S O N I C K F L O K I M T
L D R I N S R E B L O Z C I P O L A R I Z E D
H W I E C I T S I N I M R E T E D I F M S B G
Y D U Y B C Q S M K L L C U N E J N X S E L N
L T I D H N G D E C I B E L E F J X X N G A O
D F H S A S I K D O S Y N T M L S T T O H B I
R X L E C R X E Y U Z W X L E F N O E T X A T
X S P P G R K C W S A M S A L P A P L I Y G I
M K Z D A T E M Z Z D R A L G B C P C V E L S
I V N R I F B T A L N V T C N E B O I A Y Z O
W M X L N U V W E T E L C H A I N S T R G J P
G E L D W A D S A N T M Q N T K U I R G U W R
N H Y H J M E H H Q E E V X N E R T A D Y E E
R Q R N Z I J F B V V S R M E J C E P O T G P
E C I F D Y D E I N P N S Q J E O X S N M V U
U D R O L O C G D E R I V A T I V E S X E B S
```

OPPOSITE	STRETCH	PLASMA
PHOTONS	SUPERPOSITION	SPARTICLE
FERMIONIC	DERIVATIVES	DAWDLE
BENT	COLOR	ULTRASONIC
ENTANGLEMENT	DARKMATTER	OLBERS
PHYSICS	CHAIN	DIESEL
POLARIZED	DECIBEL	DISCRETENESS
GRAVITONS	WEINBERG	DETERMINISTIC

Puzzle # 34

```
C I D C B A Y J C G K T N E M E L E D C F U L
H Z L F X N F H R B B M B E Q H F V I Z Y E J
Z A R E K O A C F I E R E O T K T R C R W F K
D Z C L R F C G S H Y K B S A O W V W E Z L
B B I D M D N Q H B K R F U W L L F I A C R Z
J T T C H A R G E D I E H B A U W L O T T Z H
T J A G Z H G A N M N L A C V A P Z I A C Q S
D R T U Y F N L I W E A W T F E G L S C Y H U
E B S O I I I L H S M X K N C E X H A U S T T
Z K O P D N R J B C A A I E E G K K A N S O Y
I S R P A J E A Y O T T N C R H E O S T A T I
R H T O Q K T R N N I I G U F Z N M E T R I C
A I C S O S T T T C O P L R E G Y W I N K W
L B E I E Y A M F I S N R S O M Z X K A K C K
O L L T I W C Y K N A E C N E R E F R E T N I
P O E E V S S R Q U I J L A A V R V Q B H D S
Y I N K A I Q H S U H B W R N N M P Z I F L G
V X H C M E G P K M I U G T S K O K A N N C K
```

INERTIA	PITCH	OSCILLATE
RHEOSTAT	RELAXATION	METRIC
ELECTROSTATIC	CLAD	INTERFERENCE
OPPOSITE	HADRON	CALORIC
MESH	CHARGED	ELEMENT
POLARIZED	KINEMATICS	CHARM
EXHAUST	CONTINUUM	TWITCH
HAWKING	TRANSLUCENT	SCATTERING

Puzzle # 35

```
E G A U M C U R V A T U R E L X H D K W G Z I
F J E N A E V R U C E F O C O Q I O N D M Y E
C E P I G I U O W W T C U R N N R H I J C J M
T U R V N F G A O G A Q Y E G Z Z A A T R H N
V U C E I O V A L E N C E V I B C S C M A C O
P Q N R F G S O Y Y I B K O T S K I P S H R I
Z W E S Y A C E P T D X W L U B T W J M O I T
Z V K E R C P T D I R K Y U D S J G K V N B A
Y M E H C L A Z Q R O Z A T I W Y Y E D O S M
Z X C F P B V U D A O T E I N P D L U R R S R
E S C I S Y H P Q L C S F O A T O C T E C K O
D U R E T E M I R O L A C N L C T J B M V C F
U D W J Q P A H L P T Z J E I A C L O D O P S
T B V X I X J H Q F F M O T N D O T T U Y S N
I X N O I S N E T X E U Y C D O O W G Y Q I A
T B Q E Y W E H Q X T F E U N B A L A N C E R
L Z T A G O R T S N B S A I L I N G A K V U T
A W Q G Q J D N O I T A N I M U L L I W G U M
```

UNBALANCE	ALTITUDE	RATIO
MAGNIFY	EXTENSION	POLARITY
COORDINATE	STROGATZ	VELOCITY
CURVE	SAILING	ILLUMINATION
VALENCE	CURVATURE	UNIVERSE
ALCHEMY	REVOLUTION	CALORIMETER
SKIP	LONGITUDINAL	INDUCTANCE
TRANSFORMATION	OLBERS	PHYSICS

Puzzle # 36

```
N H B C Z S Z W O O A O R Y B L C W N F N K R
S C D S M B J A N I K S R A N I R O C R U J E
W R F V A C L S O V V G T E R U R N O N Y I T
W B J J E P Z E U S Q T H H X D I B S W P G E
R T Z R B R N E M H E E L B A V R E S B O P M
P R H E E U W S V R E Q Q H L E E O Z W V A O
I L U S X B W Y Y L O N V E O U D J P A L D N
U N K I C B A H L S O B K S E O A R C V T M A
S A O L H E Y F Z D P A S T P R I Z E E B U V
D G N I A R T L G P F M D J R Q E Z O F P P L
J R B E N B S K E D U T I N G A M O V R S V A
H A K N G A J A L M E L T I N G V M X O V K G
V V L T E N H F L R P N Y T Y D V E F N T C P
I I S A M D Z I M V X K E E G B A H L T F E I
C T O S U O N F A C O U S T I C J Z R E R J Y
A I W D Y Q L T N Q Z S Z S W B D B Z I R Y Z
Q N D Z P H E I N P L A I T R E N I O L R K C
Q O F X Y B D B I Z T L T L P C P D F Q E F N
```

LOAD	MAGNITUDE	RESILIENT
DAZZLE	ACOUSTIC	EXCHANGE
INERTIAL	KELVIN	SEESAW
BATTERY	MELTING	PERIOD
HADRON	MUON	TRAVELER
GELL-MANN	EQUAL	RUBBERBAND
BEAM	WAVEFRONT	GRAVITINO
GALVANOMETER	OBSERVABLE	PRIZE

Puzzle # 37

```
P N P F T O V O L T A I C K I S O E N H B Q A
T V B Q I N T E G E R T Z V C E N L X R J R E
M S C Z L W I N E V A C N O C D Q E R F M E V
T S P L S F L E R V S P J T E Z M C N E T T I
K K R O W W U A W A L P O W F C X T T C I E T
C E F V E A A H F Q Y J E F W G U R C N N M O
Y T X Z Z J P T C A P M I C R T A O S E D O M
G E L E C T R I C I T Y Z A T N J P P G U I O
Y R O T A L L I C S O S D W S R P L Z R C T C
W D R H M S R G P I V I M P S G O A O E T N O
H T I L H Q A G T B E O A P H X V S J V I E L
E T E R W E G M O N H R L Q I R H M C N O T C
E E S E E N C W T G E I T S E Z O A D O N O M
L N D F I C Y U R N L S P M L C N T L C P P B
E S K L Q I T M T J L O V G D E U I X C D Y F
R I I Y V D X I T Z L K W S I D G C C M U Y U
I O D G G R C V O P M X S E N I L O P M A R T
B N W I I H V Q M N U T J F G U L Q A X F G H
```

TENSION	GRADIENT	TRAMPOLINE
TRANSPARENT	INTEGER	ELECTRICITY
CONVERGENCE	VOLTAIC	IMPACT
ZEST	BOILING	GLOW
SPECTROSCOPY	POTENTIOMETER	PAULI
SHIELDING	DIRECTION	LOCOMOTIVE
CONCAVE	OSCILLATORY	SOFT
INDUCTION	WHEELER	ELECTROPLASMATIC

Puzzle # 38

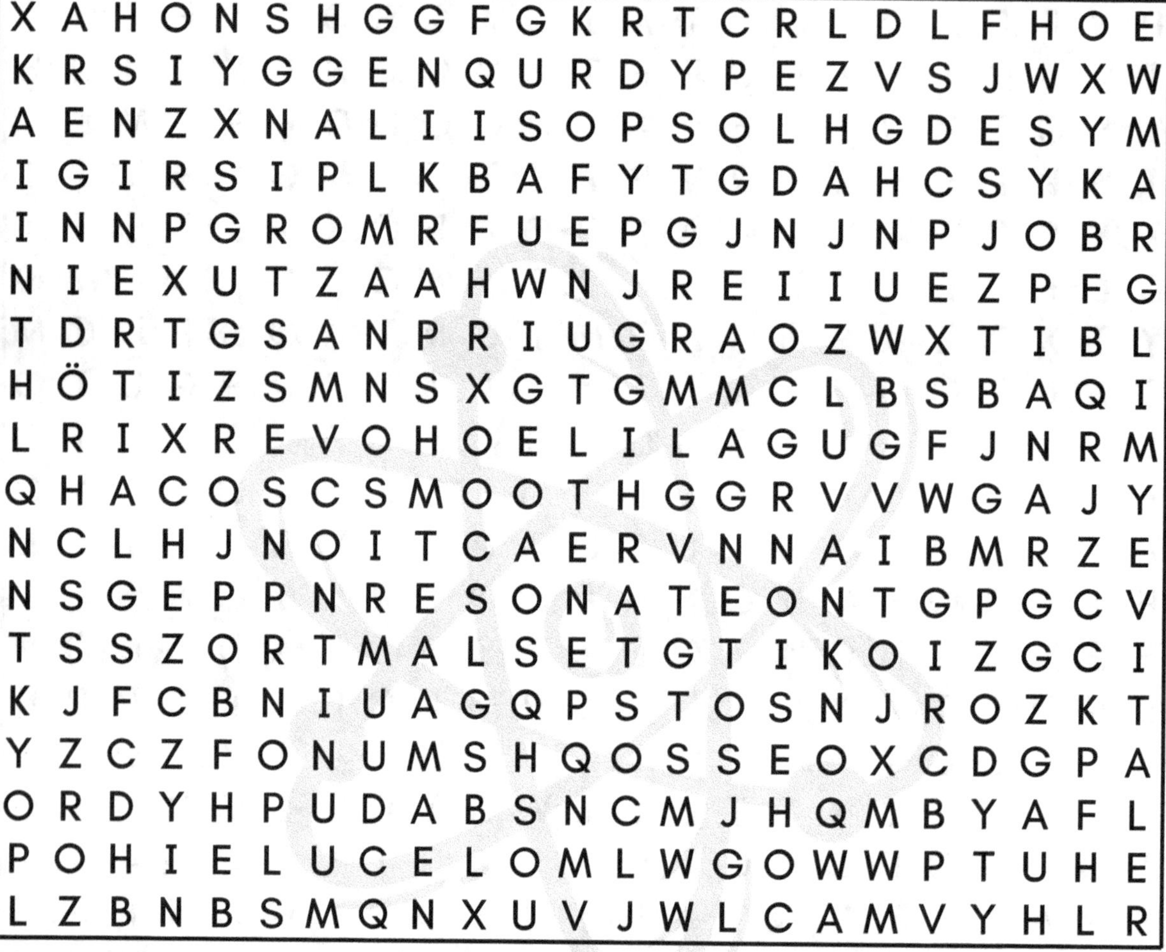

```
X A H O N S H G G F G K R T C R L D L F H O E
K R S I Y G G E N Q U R D Y P E Z V S J W X W
A E N Z X N A L I I S O P S O L H G D E S Y M
I G I R S I P L K B A F Y T G D A H C S Y K A
I N N P G R O M R F U E P G J N J N P J O B R
N I E X U T Z A A H W N J R E I I U E Z P F G
T D R T G S A N P R I U G R A O Z W X T I B L
H Ö T I Z S M N S X G T G M M C L B S B A Q I
L R I X R E V O H O E L I L A G U G F J N R M
Q H A C O S C S M O O T H G G R V V W G A J Y
N C L H J N O I T C A E R V N N A I B M R Z E
N S G E P P N R E S O N A T E O N T G P G C V
T S S Z O R T M A L S E T G T I K O I Z G C I
K J F C B N I U A G Q P S T O S N J R O Z K T
Y Z C Z F O N U M S H Q O S S E O X C D G P A
O R D Y H P U D A B S N C M J H Q M B Y A F L
P O H I E L U C E L O M L W G O W W P T U H E
L Z B N B S M Q N X U V J W L C A M V Y H L R
```

COHESION	INERTIAL	MOLECULE
REACTION	GALILEO	STRINGS
RESONATE	GELL-MANN	MAGNETO
SWING	PLANETARY	CONTINUUM
RATIO	MASS	SMOOTH
TUNEFORK	RELATIVE	SCHRÖDINGER
HADRON	HOVER	MILGRAM
TESLA	HYDRO	SPARKING

Puzzle # 39

```
J Z M C E K K P P T C V E X C C C P P R G I W
S W D C S G O V S C R L J P Y I O K W Y B Q K
C A P A C I T A N C E A R L T L K Q B X E C I
V I B R A T I O N C N O N E I Q I A V O C R L
O U E S G N I R T S B F N S W U V P P R M F A
N E K B E A Z R H A U G H X F F R Z Y A K S C
I Y N S H V O V B T A T B T M O V T Q Q V B I
R J K Z Y M X I M M M L I B U O R T F M D E S
T F H W O J L D A R B O Y F I K I M R Z F K S
U E F T Q I E I C D H V O Z N B N F E F M E A
E R I T T B D Q I N D U C T A N C E I R G D L
N V X Y D A R K M A T T E R R O O C X H I N C
E D Z K F P S A I L I N G P U F I M B A E V N
X P O M A N Y D E P O C S E L E T C B I V Q O
H R E F L E C T I O N U W X N F X A H L I S N
K Y T I V I S S I M E C W C P I T J Q Y D X I
K T E R R E S T R I A L Y M H I P H O T O N S
T K A V S T A R F I E L D V C M N Y C X H C K
```

TERRESTRIAL	TRANSFORMER	ADIABATIC
TELESCOPE	PROBABILITY	DARKMATTER
DIAMAGNETIC	URANIUM	VIBRATION
VOLT	EMISSIVITY	PHOTONS
NONCLASSICAL	INDUCTANCE	STARFIELD
DYNAMO	EFFICIENCY	SAILING
REFLECTION	STRINGS	NEUTRINO
ELECTROMOTIVE	POLISH	CAPACITANCE

Puzzle # 40

```
Q Y C D R T N R G G W V Y K F O N N Y D E Y H
X I P E E U O E N W L Q W R F M A Y I F Z A S
Z B W T O T E I H Q T N A R E G I R F E R M U
I O E M C I D H N T J T P D P V T S K U V L S
P E G A S N D J R I G K G R G I O C O X E N C
D E E T I S S C V P K N C I O N I C A V T O E
W R J B C O M P O U N D E R A P X L S P D I P
M U R D P M N O T W E N V R E U A B L I M T T
U Y D Y E X F A T Q F P Z W T L R G K C D I I
S Q O T W E L A C S C I S U M S E I A P V S B
A V R P O X I W L I I I D I Y T N E Y T X O I
S I S U R F E C P S Q D W M G E S I H K E P L
C Y G Y L E N I G N E P T D M O C K A W W R I
Y R T E M M Y S R E P U S A D H A H W G A E T
W O T J U S W R M G H F T L R K L C O T A P Y
J C O M P R E S S I B I L I T Y A B E K R U S
E P J N S H Z H L T C X A Y N Z R B Q F K S H
Y J L Y D S P U P S H X U W E V O T K F E K N
```

SCALAR	POWER	ENGINE
STRENGTHEN	SONAR	MUSICSCALE
BINDING	METRIC	IMPACT
COMPOUND	REACTOR	COMPRESSIBILITY
PROPAGATE	SUPERPOSITION	SUPERSYMMETRY
WHEELER	KINEMATICS	NEWTON
SURF	REFRIGERANT	DRUM
BETA	SUSCEPTIBILITY	DISCOVERY

Puzzle # 41

```
N Z W L O D Q M P U S P E C R O F E O O T R J
O D R D S I J T R G N P U D N K Z S N S H E Z
I E A V E P C Y F G O C Z G X L J A P C E L N
T T P B Z O C E A S X U E D T M M H V I R A C
A A E L I L B W I D A Z I R L N V P J L M T Q
R G J D N E D T I U C R I C T K F H Z L O I D
E A E Q O S I A J J C T B W G A J Q D A M V D
B P C O I O F A H K G B B E G T I N R T E I T
R O Q S N N E M R X N T A N G T X N P O T S P
E R C O H E S I O N G L S M F L B P T R R T F
V P F A P X D N U O P M O C D P A L H Y Y I V
E X H A U S T S P T H E R M O D Y N A M I C I
R A L U B E N H L D D T F D M F O U E N N N Q
L U U A A L O S L A M I E T R A V E R S E X U
U Y H T R T B P A M N U C L E A R M N G O A A
M V B R O M B G F R U Q G V G P C R K A G S K
Q M K N W M Y E Z Q U A N T I Z A T I O N H O
L A S L G E K Q S V R O T C U D N O C N C D R
```

COHESION	FALL	OSCILLATOR
THERMOMETRY	PROPAGATE	UNCERTAINTY
CONDUCTOR	NEBULA	FORCEPS
NUCLEAR	ALGEBRA	PHASE
TRAVERSE	QUANTIZATION	DIPOLE
IONIZE	COMPOUND	EXHAUST
POSITION	PHOTONS	REVERBERATION
CIRCUIT	RELATIVISTIC	THERMODYNAMIC

Puzzle # 42

```
N D I S C R E T E N E S S C W U Z J U B C N E
F I I P V J R V Z D M B I S N C U T U U U O T
J X G U I K E H M A V S X Z R Y U R U E E I I
E I D S W K V T X U E S R M J A S Q O S L T L
B A Q M O I W W X D D H I N T T U W I F C A L
A H D O I T E R O C Y Y B N A Q S S X W I R E
E G E F X L R E T E M P E R A T U R E I T E T
R I S Q L W G M F O O G C N U B I Y Y J R L A
O M C F I M P U L S E N U O N V H T U Y A E S
D A E Z B R K A E T I I R I B F F R R L P C J
Y M N H O Y Q L X I Y N R L A Y M A H M P E N
N J T W T O P C G B G I E E L M T N C O O D L
A E Y P Q I X Q O R G H N H A E A S L D F P B
M J Z X C T P G X O U C T P N N O I L S V R L
I G Y N R Y Y H Y V D A J A C Z S S B H A I Y
C A I L K A E H S R F M L C E H N T R G F T Y
S R Q M X U Y G U E I P H B D E R O T C E V X
P Q F A Z S H M G O V N C A O O Y R G D L H S
```

VECTOR	IMPULSE	BURST
MACHINING	PARTICLE	DISCRETENESS
GEODESIC	APHELION	DECELERATION
ORBIT	SATELLITE	TAUT
X-RAY	CURRENT	MAXWELL
POLISH	AERODYNAMICS	UNBALANCED
DESCENT	TEMPERATURE	DRUM
TRANSISTOR	PLANETARY	PRINCIPLES

Puzzle # 43

```
B F X T M D M T D Q S K G G R Q M E C V J A Q
E L E C T R O M A G N E T O X L O L I G I Y E
W U L W L I G M O V M L T F U S F E Y N M A N
S P A R K I N G U I X C M C I N O M R A H E B
B P A N C H O R X R A S L H M E B U F L M E M
W P U P L A S M A E Q U A N T I Z A T I O N K
F D X D P H O N R L T H E R M A L F S S Q Y F
V R A I J V S X C A N C F G W T K S E W C T U
L T P O A G C S O T O X C A A X I S I T D I S
D M I D J E I F O I I P V I L O J T W R P L I
H E J E P T N A R V T Z A H N L V D N A Y I O
M E T A L S A M D I C Y Z Y T T O R D V Q B N
N U Q N X N H P I S E E O A B T C F Z E S A L
Z I H J I Z C Y N T L R B D H I U K F L R E H
P B P S Q T E F A I F C M A T S F L U E M M H
G C B O G B M Y T C E R L R J R E Z L R M R A
H C C Y X Z Z D E J R I M A I M P P D O E E L
F N O I T A T L U C C O V F F H G E P I Y P L
```

MECHANICS	FALLOFF	PLASMA
EMISSION	METALS	PERMEABILITY
COORDINATE	FARADAY	HARMONIC
THERMAL	REFLECTION	QUANTIZATION
DIODE	HALL	TRAVELER
FEYNMAN	ANCHOR	REACTOR
TINTED	FUSION	ELECTROMAGNET
RELATIVISTIC	OCCULTATION	SPARKING

Puzzle # 44

THRUST	FRAME	HORSEPOWER
FREEZING	ORBITAL	SOCKET
TRANSFORMATION	VOLTA	TORQUE
MASSIVE	BIOFUEL	PLASMA
BOSON	ELECTRODYNAMIC	LAPSE
GAMOW	FORCEFUL	GRAVITATE
WAVEGUIDE	REVERBERATION	TRITIUM
HALL	PAULI	DETERMINISTIC

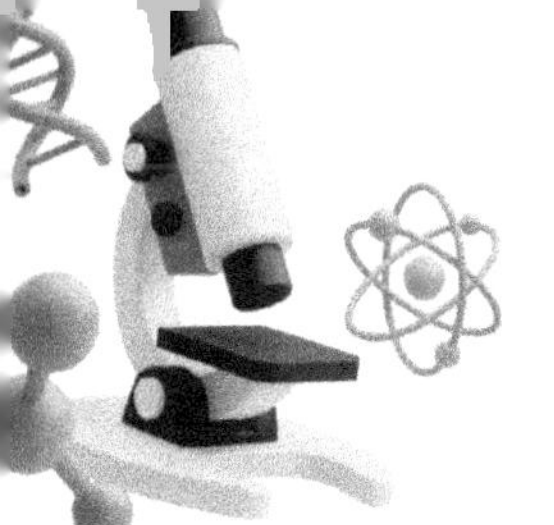

Puzzle # 45

```
C U P O V M U S I C S C A L E W Q J V B K M O
H K B I P F N C Q H B Q T R A Z J D C K K Y F
E U Y O I R A D I A T I O N E C D Y G N S W M
M R X R X I N E L E V E L E U S I T I S Z S Z
I U E H T E B V M M T H P L Q M U N H U M N Z
C N N A M L L E G U M A G G O X T L A L O E Z
A V I L V O F Q H E C X Y B Y V N J T H G I D
L T B K K V E C Q S W L T E V N E R N A C N T
U O E Z Y M A B E C R T I C F F V Z P H N E J
Z S N R D R Q L D R D M V I N F E P N A S T M
U N E M A E A Z A A B C I M O D I Q D H J R J
K Q E P S I S Y J S R I T R F L V C W W H D X
E X O R T J B C D H G R A E S G M E I O L F T
Z B R R O S R R E D W O L H R G U K C E D Z G
T M E T D L W E V N E L E T W X I X I T N C V
D N Z T P X B V S F T A R O E Q D R R S O C Z
I O Z F A S T E Q T V C X X H C E K S P H R Y
W Q Z V O R C B I J H T C E D V M C L X H W R
```

VECTOR	RESULTANT	EFFICIENCY
CALORIC	EXOTHERMIC	MUSICSCALE
EVENT	LORENZ	SLIPPAGE
PARACHUTE	CHEMICAL	EDDY
RADIATION	LEVEL	INERTIAL
GELL-MANN	REST	DESCENT
MECHANICAL	CRASH	MEDIUM
RELATIVITY	ESCAPE	BETHE

Themed Word Search Puzzles: Issue 12

Puzzle # 46

```
X Q I R N E W I V Q D Q W M U A S W K W X E S
I M L O S B F Q N L S M P Y U A Q E B N F T T
N O I T U L O V E R A N T Y P I E D F I V A J
P M K Z N E H W F G Z M T H M U D C F D R T X
H E F F I C I E N C Y I O V Z U B A R J J S R
K R E P H H I I J G L T V A B A I T R C U O T
U E Y B V A F K Q I O I Q N F Y N N V I X M C
B A H C O Y A R B E O X Q D N G E C A Q E R F
S C B G L G T I L B I N D I N G H I G R U E W
N T Z T U C T E K V L Y T I S N E T N I U H N
I I D Y M P C Z L Z T G B G A L X L W K D T N
A O W A E T S S C I M A N Y D O R E A M P G B
M N E C R U T D I F F U S I O N B U G I A D R
O U S I V F I C S A D R T F P H E D A L S W L
D U C J J S T R E N G T H E N R S L I X O C R
S T U N N E L I N G I W M Z D F A L K R Q W J
L D I R E C T F E L G N A D G P E W U R D K F
H N F K B L Y H R Y K G X T N O P U L S E Z G
```

AERODYNAMICS	PULSE	STRENGTHEN
MAGNIFY	GLOW	TUNNELING
DOMAINS	GALILEO	REACTION
EFFICIENCY	THERMOSTAT	PHOTOELECTRIC
VOLUME	BINDING	SUSCEPTIBILITY
RADIUM	REVOLUTION	DANGLE
DIFFUSION	INTENSITY	DUEL
DIRECT	WARPING	URANIUM

Puzzle # 47

```
G S T N E M E R U S A E M B Z L I Y T I R A P
O Q U P N P E V P F L X S R P B S S D U E D L
X E V N O C P L O B O H F D Y T R A S L G D N
M S Q O L B O R I K T A Z Y I E C O Q L E X I
L C H U F F C S Y I V U U V B O B N U N P I W
K Q C B X E S F B T G S O L U Q L M Y V G O F
V Z Q W F E O M Q L H T O S L Y H L U N K U L
T P O I R Q R F J C E E T Z A J W L A L F A O
A G E P O H Y D C H Z I R K W T X B X T P B O
Y L M A L Y G S U N C C S M M L U H R Q E A D
D O A N S L D J V P T I A L O G Q R K A F M L
C J A C K L H M T T D R S P E C L Q A G N G I
P J Y H U E M A G N E T O S A J O G O T O E G
R Y X O D U G D M V I A S I U C C U F Z I O H
W I H R O F A N D P A K M M X A I Z P V L O T
T I O T R A N S P A R E N T P N N T F L J C N
P N Y U W A R P I N G G T V E N X G O A E Q L
U O G T A J L A S N I I M P U L S E J R W K Y
```

FORCEFIELD	FIELD	EXHAUST
CONVEX	PARITY	CAPACITOR
OLBERS	FLOODLIGHT	IMPULSE
ANCHOR	FUEL	TRANSPARENT
BRANE	THERMOCOUPLE	WARPING
MEASUREMENTS	GYROSCOPE	PLUMB
SATURATION	ACOUSTIC	METALLOIDS
MAGNETO	DISK	COMPRESSIBLE

Puzzle # 48

Y J V C F Y X P R Y F V D T R S N C O K C X U
P A H U F Z R P E V I K M E N T H A L P Y W W
O K F D C E V L S S O F X F F O L L A F A P H
C M S S M Q L Y I X F E R R O M A G N E T I C
S H U Z Q U Y B B F L A F X F T C A R T N O C
O G H S P U L G T A I H W L G N J A K P J I O
R D A G I E G E W X H E S Y E C E D M E P O P
T W C D A C U H C B G N L P L X H E L C O R H
C R C I A L S K M F E D Q D O E I T X N S R B
E E U V U N A C W L Z Y D I E U P E U A I E S
P L M Z L G G X A H Z D I Z Y L B R C T T L Z
S P U W N V T L Y L Z O S X G A R M F C I T M
H E L E H R D C E W E X C C Q V K I A U O Z W
R K A K A M P L I F Y I O Z P N Y N J D N S V
Z L T D O E B W Y A U S V T Z E U I V N H H U
Y G E O X G D U U D X M E X S G P S U I C L F
T N E C U L S N A R T V R O O I Y M F U A D P
Q I F W X P A E R R U Y Y T I E I T U B D J B

PULLEY	FIELD	DANGLE
ACCUMULATE	LENS	MUSICSCALE
INDUCTANCE	KEPLER	LAW
FALLOFF	POSITION	CONTRACT
TRANSLUCENT	SPECTROSCOPY	FERROMAGNETIC
DISCOVERY	SHIFT	AMPLIFY
FLEX	ENTHALPY	VISIBLE
EIGENVALUE	GALAXY	DETERMINISM

Puzzle # 49

```
I K Y D L G E N D O T H E R M I C L F Z S S O
H G C D L D S V O U T F I H S D E R K L I U T
X L A W O O T B X I H T M L A C I S S A L C L
A A X I C C V G L N U O E B H G B Q I X B Z J
M A D K X C E K N P O V L I F N T R V G Z U B
C N E H E A V Y T N T T O Z B I E S X D S L C
W T V R Z S B U O V H O X V R G L N E O Z V O
C H N G A B O V G U O G P X I G C A A Z Z L R
C O L O R B L I N D Y T R A G A Y T J N Q G P
K S G B S U S P E N D A D H H R C Z E T G T U
X P Q S M L U Z K E N T D U T D I Y Y Y G S S
N Y K E O X Z B S U O S W Z N Q B I R O A D C
N O C R V E D K J Z S O N W E A I O F I J V U
I M M V T F W L G U E E S E S R S V Z T M V L
L L H A M R P S D T M H D C S C A N P K B L A
B Z S B D E R O T S N R K B O R E D D W E V R
X Q D L V B S M Y P P N S P K P P B I W N U C
E S J E Q Q L H J F U Z E R K S U R S O P P K
```

CLASSICAL	BICYCLE	MOON
ZEST	STORED	ENDOTHERMIC
COLORBLIND	SWELL	DIODE
RHEOSTAT	MESH	PENZIAS
GYROSCOPE	REDSHIFT	HEAVY
OUTPUT	SUSPEND	BRIGHTNESS
RADIO	MESON	SOCKET
OBSERVABLE	DRAGGING	CORPUSCULAR

Puzzle # 50

NETFORCE	GRAVITATE	ERUPTION
PHASE	MICROPHONE	TRANSISTOR
WARPING	GAMOW	RECTILINEAR
POTENTIAL	CONDENSATION	SOUND
SUPERPOSITION	TESLA	COMPRESS
GLASHOW	WEIGHTED	COMBUSTION
CONDUCTION	OSCILLATORY	CONFIGURATION
PERMEABLE	EVAPORATION	MILGRAM

Puzzle # 51

```
U C F M Q R M I F C A I I E F W N O I S E S B
L B O C C D S I M U L T A N E I T Y T Z O T H
T B S Z V I F O S U P E R S O N I C N L W H R
R R E L A M M E T E R Z W P K H O V E A C R A
A V L T P O G J M A S W F M K R V N M L I U D
V D E D X S L X S R A Z O D R X O F E O M S I
I I C G T C S L A T E M Q U Z I G G C B R T O
O K T K B I R G Z C L Z B M D A P V A A E E C
L T R R Z L S M S I N I M R E T E D L R H L H
E J O W D L V N T A C S H O V J P O P A T U E
T S N K E A K P A T T T W T F R T P S P O O M
D O A N C T R R I R U J P I P R K D I D X J I
K O Q J E O Y Z R O T E E T W K N I D B E P S
A C I Z I R V F S S D L O H S N K O A G L U T
A X I R P H H E C K D X U A P V R P I E Q B R
H G Q T E L E X C I T A T I O N S Z O T D Y Y
W O Y K Y P S Y V N A T I W A P Y L S O O S P
C I U Z E Y E E M I R R O R G L P I T A E M O
```

THRUST	PARABOLA	ELECTRON
MIRROR	PERIOD	EXCITATION
SOLENOID	TRANSIT	MOTION
FIELD	OSCILLATOR	EYEPIECE
NOISE	METALS	SOUTH
RADIOCHEMISTRY	DISPLACEMENT	JOULE
EXOTHERMIC	ULTRAVIOLET	SUPERSONIC
AMMETER	SIMULTANEITY	DETERMINISM

Puzzle # 52

```
J V P W S X W C N E W S S U B L I M A T I O N
L G A V T N E A A O C E L V N V N T Z M N U O
C K L P N E G V V A I I T P L A I T R E N I P
C R O V E U A R T A E T T A X G N Y D L K P W
X Y S N M T T E J A P W I E N D J C I R T E M
C G C H E R L F A T L D Q S N I K Z G K X T Z
U O I U R I O R E M U L O V O I D J V S Z G P
R L L D U N V A R H S U R C V P K R O R R I M
A O L Z S O T C Z G I T L Z R L M D O A W N D
R N A F A A R T O C N Y T E O R T D V O E T T
H E T K E E J I Y N X I T L H Y Z I G R C X L
O M O F M I V O X J T R N P C C T O X A O R D
B O R L T P Y N I G O R P U V Y O I P O H H Q
N N Y P R O O D Z G I P A T T R S M L P E T T
K E O B R W G S R U L S I C S A O Q A T S C C
W H X A F K U A X N N K Y T T C I J T I I A E
E P O V A T D X L A X S D Z C W O M Y C O G R
V V K N I E I N D U C T I O N H P Q O S N D M
```

COHESION	KINETIC	SUBLIMATION
OSCILLATORY	TUNING	INDUCTION
RETROGRADE	BOHR	GRAVITY
POSITION	OPTICS	PITCH
NEUTRINO	COORDINATE	METRIC
MEASUREMENTS	CRUSH	CONTRACT
REFRACTION	VOLUME	VOLTAGE
INERTIAL	COMPACT	PHENOMENOLOGY

Puzzle # 53

```
A L W B H E S F M Z C X J N Q K S R Z P Y M L
N E H E T C M Q G M O G E O X S U A V Z Q N J
S F D K T N A D D Q L O A I O K R H R V T I G
C B K C C A R W R G O U V T Y I F C F I U K A
I M G S A L G J A J R B R A Q H E I G H T E T
S B W E P A A P J A S D K V D A Z Z L E P U T
Y P O R M B I R L Z T I P R F V O I S O U Z H
H F P A O Y D U F S R J L E F Y E Y C Q S J Y
P Y V N C A B V M V O O T S B L D S F S C H A
H H W X J E T C L P K B F N C L O S E U K Y W
W P T N N E T E U J E A H O X R T N C O D I Y
Y X B U T Z F E L D W A D C Y V T A I J Y Z P
K J G E O M A G N E T I C G W H Y U R R M H I
N T R A N S V E R S E T W N G S C D C A S V O
V M B C E V A C N O C T N I U L X I U I E W R
U E O G U O K Z E J G G R G U A V O I E B J J
Q Z N M A V D M N R W B C B I W I L T R S P Q
T D D C U R V E S T R A M P O L I N E A O L H
```

BALANCE	SURF	CONCAVE
SOUTH	LAW	STROKE
DAZZLE	GEOMAGNETIC	CONSERVATION
TRAMPOLINE	TRANSVERSE	NEBULA
GYROSCOPE	HEIGHT	AUDIO
COMPACT	CURVE	COLOR
BOND	PHYSICS	DAWDLE
BRIGHTNESS	CIRCUIT	DIAGRAMS

Puzzle # 54

```
V R I K B M Y Y D O B K C A L B H A I F G K C
P Q D H D T L J J L Q K N S W A L E J G N W F
M S N N H G Y T I J Q U T A L T F O A L I B Q
C K I C H N K D L O F I N A M U U M W T D J B
X W S O C I F E I R O L A C G N B V W M N X P
Y I P U R G J Z T D A Q P J Z I L N V C A I P
T T V N D G I S B M L O S K D N N O T X T O R
I E P T S A R W P T Z T L P A G H B T D S W M
C E K E Q R C L U K Q H A T L E E E A N W D Q
I T O R G D I F B X E K S E C G P L W Q A J O
R A B F P F E Y S E C I V O L T A I C S N Y J
T T E O Y Y V O N Q I M R O F S N A R T W V C W
C I I R B C Z I U Z X R E L A T I V I S T I C
E V X C N V A H I Q E C P J Y Y M E T A L S O
L A G E N S D N S C I N O M R A H S N O U L G
E R Z O E R X S H U X N F A M E Q E F K E R X
C G O R L Y Z X X O Q U J Z M I K S G P C F K
C Y C C E I T I V I A F K P E R C U S S I O N
```

COUNTERFORCE	HEAT	AMPLIFY
CALORIEFIC	PERCUSSION	ELECTRICITY
DRAGGING	VOLTAIC	HARMONIC
WATT	HOP	STANDING
BLACKBODY	RELATIVISTIC	NOBEL
CLAD	GRAVITATE	TRANSFORM
SQUISH	TUNING	METALS
MANIFOLD	LAWS	GLUONS

Puzzle # 55

```
L X T T Y V W M E A S U R E M E N T S X I X K
Q M S H U A M E O P L A C I N A H C E M S S L
S I V V V R E T E M I R O L A C O H E S I O N
P T H E R M A L D F U M R E T T A M K R A D I
B L O A T E D U B X N Z N R H S K R A U Q I B
F O L P L A Z W R T K N S Z F K X B D F T C D
E E V I T A B R U T R E P Y I S R A K D G N R
X Z I J R G E X R A O S F O J O D L J N D S X
C H I I C I T E N G A M S X H P P A N E B O Y
C I P T P C O N J U N C T I O N D N X P U Q S
I Z R W E C D B T B I N S U R E P C T S Z G K
K I O C N N Y Y C L J G U S T A Z E E U O T H
P X P K U A G D L W V A D H E I D I G S B W T
J Y A F C I I A T C D M M D N T U K R X M V J
I P G M T K T F M H R T E S S R W K P P G A J
S W A F Q E X V E E N U B G I E A U D U Q Q F
J Z T U Z O U R I L D O S P O N U M F Y E G L
T C E O R W E Y N V N F T H N I P B Z O C Q A
```

TENSION	BALANCE	CRUSH
CALORIMETER	ADHERE	MAGNETIC
DEMAGNETIZE	MEASUREMENTS	INERTIA
SOAR	THERMAL	WAVE
BLOATED	DARKMATTER	CONJUNCTION
QUARKS	COHESION	OSCILLATE
MECHANICAL	SUSPEND	PROPAGATE
CIRCUIT	PRIZE	PERTURBATIVE

Puzzle # 56

```
P L B U X K S O T B H B E A W I W O R A O C N
N A H E C B O H O W M Q L F K S D O R X O U J
Z E A N Y U R L I U Q X B X B C E K O Y Z Z C
N P A T E Z I R P N E X A S J A T Z R X O Q V
P L H H L H U H B G G K V C P T E S R J V T J
P K Q R R V C S G N L L R L J T R Z I P O S C
G M G U V A A F A I Q E E J M E M P M N G U O
C A E S X P X M U T F I S P E R I H E L I O N
N S L T H S P U L L E Y B H X I N C M X P U T
E T V V A B I E V E U O O E B N A P M I F N I
E R R S A G B E C M O Z V V R G B N Y O T I N
H E E E Y N A Y D T Y N T C A A L N L G B T U
H N D C C A O P W X O H X D J G E N F N N N U
C G N I Y R W M O C M P X D I U Q I L W W O M
L T A R H R T F E R E N O I T A Z I N O I C E
N H W T T V M R S T P Q R B G L U O N G W D P
S E P A O K G A C J E R Y R E L G O O G O R Z
F N S M U J B V J H Z R V G N I D N A T S F S
```

THRUST	STRENGTHEN	MIRROR
PROPAGATE	PLANCK	CONTINUUM
PERIHELION	DETERMINABLE	PULLEY
MELTING	CONVEX	TONE
GLUON	OBSERVABLE	PRIZE
SHINGLE	WANDER	LIQUID
STANDING	IONIZATION	GALVANOMETER
CONTINUOUS	MATRICES	SCATTERING

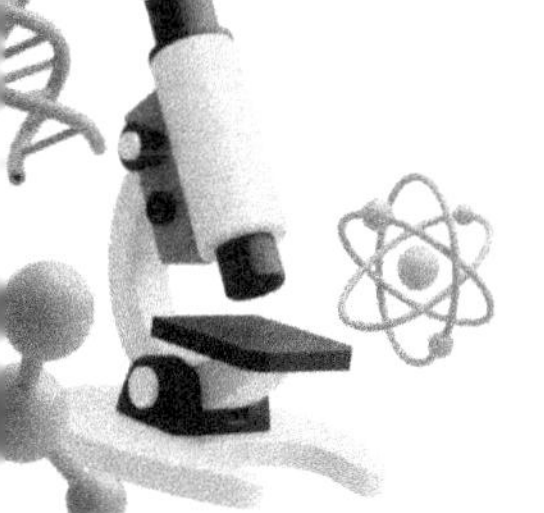

Puzzle # 57

```
T H D S A N N I H I L A T I O N W T H N F B U
W U E N I G M B C U S E E J Z U E J K Q V J W
S C Y O K D C S U Z A M S P I R A L X K V G Z
F A S I O H T R O N X F C E N T R I F U G A L
X L A T N N P X E B O Y C O F L T A C F X M C
K O J A H G N I T A N R E T L A N V S E S M H
Z R D U U Y Q W T Q M V F K V G E Y Q L G A B
X I X Q R R E S I L I E N T Z V C X A A V B L
M E V E P E V M U H Y P O H A H S P H S G S V
P F C O U N T E R F O R C E Z E E W D T U O B
W I P O T E N T I A L M T B U U D N S I V R P
Z C I X Y U L A S T I M U L A T E G S C U P W
R K P N H X J L Q T R B B A E C H O A I Q T B
Y P O R T N E S F T O A C N S K K A P T Z I S
Y S K Q N V O V C N M F N E S O O J M Y L O A
D U N Z R V T B W G R J D I G J Q V O J F N Z
W A V E F O R M Z G W N D F Y C O Z C F Z L T
C J X E E Y A E P O C S O R Y G O X M Z H E T
```

CENTRIFUGAL	GYROSCOPE	DESCENT
RESILIENT	ABSORPTION	GAMMA
COMPASS	ANNIHILATION	ELASTICITY
SPIRAL	POTENTIAL	ENTROPY
ECHO	METALS	NORTH
STIMULATE	COUNTERFORCE	DESCEND
HOP	CALORIEFIC	WAVEFORM
ALTERNATING	DISK	EQUATIONS

Puzzle # 58

```
Y H A C O S G F D J K M U H G H B P H T V W V
N T Y L G X M A L E C I N O M R A H S R K F L
O B I T O W F B U E N V M S L N U B I M P O Q
I X W L W B L H D S Q S P C L F M J Q C O S B
T U E Z I K A B K B S A E G W T S C U I N O I
A B U P R B I R V N R U O U E A I Y D I U T T
V W W S L V A I A K O L A X G N J F A N G L W
R Q A E R M U E I P T I A A O R Y M P P U A B
E T A U I P G N M G A K N S U R O L Y R P I H
S H V J H G G E H R R Y R Z A D D W B I W T G
N O O M S V H O R E E N N E C R Y D N U N T
O R N C I G X T K B P I L T F U N H C O E T
C I R P U Q P G V U O B C J N V M Z U I J R I
G U E F Q Y C S S H D I I D W F D G W P X E F
Q M P G S J R S F Y T C I S E D O E G I B F X
R S U E L O O P L R I H W I H T H W O A E E V
V D S C F L L L A U K D P N P P V S K S P R A
H W E A O Y Z P D N I L B R O L O C V C X G R
```

WEIGHT	PARABOLA	HYDRO
PARTICLE	OPERATOR	PERMEABILITY
BINARY	PRINCIPIA	REFERENTIAL
HARMONIC	WHIRLPOOL	COLORBLIND
GAUSS	GEODESIC	SAGAN
THORIUM	CONSERVATION	DENSE
SQUISH	SUPERSONIC	DOMAINS
SUPERNOVA	SMOOT	SPARKING

Puzzle # 59

```
S C K Y N E D P I L S E F H T D R U C F O T L
N A W T S W E L L E L Z E T N A I D A R N Z Y
O B R I M L P S M G W X U N F I E O G M H G E
I E K L X I K G N J E T A T S R B A C N S O P
T E M I T E C A P S K P C M U T W D O L U F X
I E K B M B D O D M Q R R T X J V I N L E D I
S C F A S F Q E M M U F A L I F T G T G X G U
O S L B I T T O S L C R S Z N A T R N Y R T J
P S G O T P M K K C E B Q G L P A A B E O Y D
R E R R E E R X V P E S C B Y S R E B R D T Y
E L B P N W Y F M U E N A Q O T V N Q Z K K N
P S M T G Z A E B K V E D N S Q E U R E Q M A
U P U C A U T E X G I L I U T S E G Y U O O M
S M M V M V P T B O T C U Y I E Y U Q S U N I
L F U N D A M E N T A L P E U O H V L P T P C
W O H S A L G O P Q L M H O E C N A L A B E S
M N X I U C K O Y U E Y A D A R A F D Q G D P
S A G U J A Z G Q K R G W E N Y E L P T H D U
```

MOMENTUM	DYNAMICS	SPACE-TIME
RADIANT	MAGNETISM	SWELL
HEISENBERG	GLASHOW	LIFT
BALANCE	DESCEND	SLIP
TEMPERATURE	SUPERPOSITION	STRANGE
STATE	TORQUE	RELATIVE
ABLATION	DANGLE	ULTRASONIC
PROBABILITY	FARADAY	FUNDAMENTAL

Puzzle # 60

```
R A E L C U N R U T H E R F O R D L T J E F Q
C I R T C E L E O I B Y M R D U Y I Q Z V R P
K S F E N G G Y O F G B A Z Y P R D A N O N V
D E T E R M I N I S T I C D N M Y O D T M O L
E U J U Y P X G E R I U T K A P U W I E N I N
F D P Y E D R A G F O R C E M R Q C X Z U T V
U N E R E S I L I E N T X B I X A H A J E C M
L A N O I T A T I V A R G H C P I F Q Z B U K
D R Z V Y P Y B P K A H H G A Q L I Q U I D S
N W I Z U B L R U H W M K C F Q J F F O E N X
I U A C I T A B A I D A X E T R O V Z C B O M
L E S W Y T X M B Q R A E G Z U S L P I N C A
B O N K R E L E C T R O M O T I V E Q K Y L G
R F S L A G E V S R E C T I L I N E A R C J N
O W T U N X Q F D E V L O S E R N U S T H F I
L G N O I T A V R E S N O C M P N F T W R Z F
O R M D B P D Q Z E I R H F X X L V R U L X Y
C J U R I E R Y Q F G M I D T L W S E R H Q A
```

DYNAMIC	DRAGFORCE	NUCLEAR
RESILIENT	LIQUID	UNRESOLVED
BIOELECTRIC	RUTHERFORD	VORTEX
RECTILINEAR	EDDY	CONDUCTION
MAGNIFY	CAPACITOR	BINARY
PENZIAS	CONSERVATION	GEAR
GRAVITATIONAL	ADIABATIC	COLORBLIND
ELECTROMOTIVE	FARADAY	DETERMINISTIC

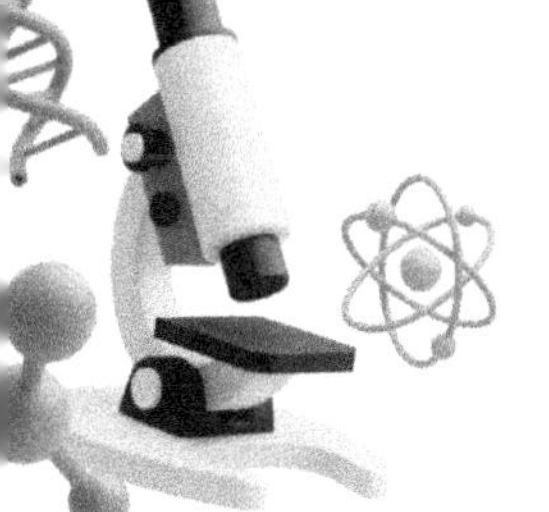

Puzzle # 61

```
K B Z A J B I O E N E R G Y P W O D A H S E S
A N Z L T P W V V K M R J Z B E Z E B V D L O
C C M D S P A R K I N G E G J K P L J E D I I
C M M S N N S W K D O A X T F P H A B C I X Z
U Y F E P A I P A E V G M G M G L C G T D I X
M R M J R G M C R L Z W N E T Y O S Z O I B S
U E J F D A U E W B X R R Q X T P C X R C U M
L S M B G S L F K M O Z F W L A G I H S A D F
A I V A U L T H E U B K H O C X R S N Y L N R
T S O B B A A E W R A N V E O R A U M U O C E
E T U T S G N H W C R O T I O T B M M I M Y N
X A E L U C E L O M W I V N K U Y J T Z R G E
K N L A B E I K Z H M S T F B K N I M D N H W
R C B A L J T Z E E J N B E O C S E C I E B A
G E F E O L Y C C N I E A U W O G E B T T E B
H C R M U I N V I U O T J U P H E V I U C X L
T P U L L E Y F X A Z W A A K U I G E H L D E
V K P T M P I Z Q G Y L Z B H V I N O L Y A M
```

TENSION	PULLEY	VOLT
POSITION	MOLECULE	BEAT
SPACETIME	WHEELER	RESISTANCE
CRUMBLE	RENEWABLE	ACCUMULATE
SHADOW	MUSICSCALE	SIMULTANEITY
SAGAN	VECTOR	BIOENERGY
DASH	VAULT	ECHO
FERRITE	NEBULA	SPARKING

Puzzle # 62

REACTION	FIELD	HYDRO
SAILING	PHOTONS	OHM'SLAW
TRANSIT	CHEMISTRY	REVOLUTION
ELECTRICAL	CONTRACTION	BOILING
REVERBERATE	FUSE	MAXWELL
PROPERTIES	CONICAL	MOTOR
LOCOMOTION	X-RAY	WAVEFUNCTION
PULSAR	COULOMB	PRINCIPLES

Puzzle # 63

```
C Z A B L A T I O N F Q M R E S I L I E N T X
D C R A T S A M P Z F G I Q X U T U E H U H X
L O Y X K M A J O B S M X B U D C S J Z H W B
E U K N D S N B C F M R W B L E U O U V B U S
L P P O N N Q Z D A Y M I T F C H L O R A K E
E L Z I E X G M S L V H N G T I E O R M G E S
C I C T C Z I Z U M R W D X A B A K U A I R R
T N U A S Q A L T I T U D E E E T Y T I R A P
R G R L E G A T L O V Q O W H L E O P C H T F
O J L I D L L O R I S E M I C O N D U C T O R
S B I H P J L N O R T C E L E B G P S I A I C
T I X I K N E Q P T A V Q Q V O I K G R B G H
A L O N G L W E D U T I N G A M N V L E V E L
T D S N N H X I B L P B X F W F E N E W D F P
I U S A I L A S A S G U F D J O M B P X G D T
C S G H R Z M N I R E W O P E S R O H K T T Y
K Y I W I B E V V R N S A C C A A O W H G N L
E G I G W K E Y T I E N A T L U M I S Z H G J
```

MAGNITUDE	DESCEND	ELECTRON
WIND	HEATFLUX	PARITY
SEMICONDUCTOR	ANNIHILATION	ALTITUDE
ABLATION	EDDY	ELECTROSTATIC
DECIBEL	COUPLING	WIRING
MAXWELL	STAR	HORSEPOWER
RESILIENT	HEATENGINE	LEVEL
VOLTAGE	SIMULTANEITY	IONIZE

Puzzle # 64

ELASTIC	POWER	RATIO
HUE	HEADPHONES	RELATIVITY
FRAMES	ELEMENT	STRAIN
CRUMBLE	CONTRACT	PERIOD
OPERATOR	COMPASS	HUBBLE
SPECTROSCOPIC	FORCEPS	RESONANCE
MOLECULE	WAVEFRONT	BARYON
EQUIVALENCE	FLOODLIGHT	MEASUREMENTS

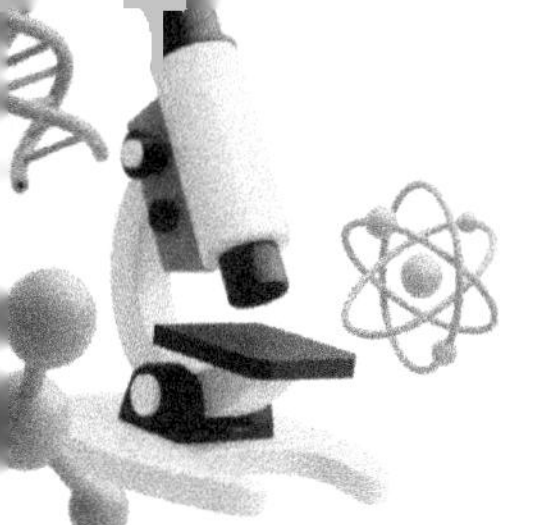

Puzzle # 65

```
V V B C G S F D X K G E Y Z S J L A S I C M L
S K Q X E Y U O G W O Y B N I S Z Q T Y P X S
S L R Y M S F M J R E G K S B C O V A L E N T
B B J D I N R A M E I T K Q T A C O U S T I C
O R G N S O W I L N J R M J Y A M U T N A U Q
K N P O S T S N Z E C A P A C I T A T E Z Y Z
T K B N I I P S D W X A L Y P I M E E L F E G
E B F O V V U M V A S S X M R O N N E T T I W
M R D H I A R N J B A Z P Y T P O L I S H N J
W Z L P T R B D F L N F I I J N Y U E M X T S
J S R R Y G F M Z E H L O Q Q O P T I C S R C
F F R E G N H E A T E N G I N E W Y M E S E K
Q O R K Y V A L E N C E M E D D F X T O H A J
W C H A C O N F I G U R A T I O N A A F A D F
V D K E A D P C I T S A L E N O R R L Z D M D
R H K R Y F Z N B U A T T H W G I D G S R I H
F C Y B L A R S O T E S L A I N M G A B O L D
M M B L W U Z D X P F K E M G C K D D Z N L J
```

ELASTIC	CAPACITATE	QUANTUM
EMISSIVITY	CONFIGURATION	HADRON
COVALENT	WITTEN	MOTION
RENEWABLE	SOARING	OPTICS
VALENCE	GRAVITONS	TESLA
POLISH	MIGRATE	TREADMILL
HEATENGINE	ACOUSTIC	PHONON
BREAKER	DOMAINS	STATE

Puzzle # 66

```
U G G X E G G T F R M G A T X G H F L H M T D
R E V E R B E R A T E C I T E N G A M I N S A
V P I L J G A C C E L E R A T I O N R H W G P
N O I T C U D N O C W E P S A U M K I F R H T
V D X S S N W A D X R O T C U D N O C J M N F
K D X G W I D Z I M A S Z H R I G R L Z E R X
E N J O E V T F N R H N O R V G T I F B K Z B
F E W W I L F H J I O E X Ö L O R E N Z F E H
W L D P G E L A E I C K M D B L Y A R F T Z W
W K P U H K R L S S O M K I N F R G O A Q M X
H M O R T C D U L Q N U Q N S E A G R W T Y F
N K E H I I F I Z L V D J G M S N E R N V Y J
Z A F Y N N T R E O E V Z E A K I K I J R P N
Y U G G W C C L B Z R I M R M E B O M C C X Y
V W G F G R U I A H T S R A S A U Q N B Z P E
H Y P C L T Y G P E C N E L A V I U Q E S O B
N O I L E H P A H L Y A A N A L Y Z E R X M E
Z L T C C O O C M I E W E T A T I C A P A C D
```

WEIGHT	ALTITUDE	BENT
REVERBERATE	MAGNETIC	CONDUCTOR
BINARY	KELVIN	ACCELERATION
CONVERT	CONDUCTION	ANALYZER
FUSION	EQUIVALENCE	SCHRÖDINGER
APHELION	PRINCIPLE	CAPACITATE
MIRROR	EMISSION	BETA
QUASARS	LORENZ	SHIELDING

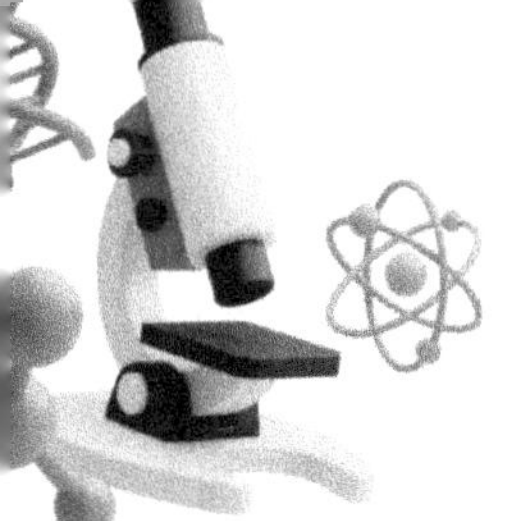

Puzzle # 67

```
N E X N W S J X K S R E T T A M K R A D J R D
Q F C O N T R A C T G U Y E S L U P M I A G F
T I T C B N V C E J B R E G E T N I T B Z Y L
C D A F K D T B I O P T U H C P M W Y W I T D
F C O C U K C K R T L A I C E P S G N Z I W K
N T L X A M A V Q F E E X F T I R U K F Q N T
O I F B I N A R Y B H H I G H E N E R G Y I N
I D E C N A L A B N U C V T N I Z J P V I O E
T E L E C T R O M O T I V E S C I V E O S N M
A K N F O Z W M C Y A F F X A C H A N L D I E
L H E T E M M U L P Y I O O A P B D D E N Z L
B E X C W C Q A X G E C Q Q M O E W U S D A G
A A C I T E N S O R S E S A S Q E Q L P E T N
V T N P N W R Z E V D P C G A E B V U U M I A
S F N N A M Z T L O B S K K S I M Z M U L O T
N L A N O I T A T I V A R G S N O U L G F N N
M U S M B W C T P D U U P Z A O A V I O Z W E
V X R X Y T I S N E T N I F T C E D O B F M Y
```

IMPULSE	PENDULUM	ENERGYBAR
HEATFLUX	INTEGER	DARKMATTER
TENSORS	HIGH-ENERGY	UNBALANCED
PLUMMET	GRAVITATIONAL	SPECIFICHEAT
ENTANGLEMENT	ELECTROMOTIVE	TWIN
BOLTZMANN	FLOAT	ABLATION
CONTRACT	INTENSITY	IONIZATION
SPECIAL	BINARY	GLUONS

Puzzle # 68

```
J L Q Y F E D G B H G R H E A V Y S Y U K R U
L D M R X N V N J R A A E R O D Y N A M I C S
O V Z T C A O I L O E C N E R E F R E T N I S
O D T E N A R R T E L B A E M R E P C J Q F M
R P A M U D Z T Z O K C Y G R E N E K R A D J
L K G M C R L S P I M Y O P S L C J A B S O V
C Z O Y L J R R J A R O C U N G K T A E H S V
U N R S E A P E K T O H C E P T D D G E A C L
L Z T R A H G P F L M O Z O T L A A Q S R I O
Z L S T R P X U I A Y R C U L E I K M Y C L R
G M Q U A R K S G Y O S C Z V K C N A L P L E
C M Y A Z V G N T B Z E W X A M A Z G R W A N
R U D K E F E I V I C P R E U H U H Y E O T T
Y K R B E T C N F A K O T V T R G Z F M L O Z
T R J N I O H L J D X W T N A U K H F N G R S
B Z D C L A L J L V L E L O T T R K O A O J X
X D X E G W H E E L E R A C M P G T H N D S V
T E V A S S D Y T K G O C V R P M N F T M L N
```

AERODYNAMICS	HEAVY	HORSEPOWER
CONVEX	MAGNETIC	COUPLING
LORENTZ	STROGATZ	VELOCITY
HEAT	OSCILLATOR	GLOW
PLANCK	PERMEABLE	DARKENERGY
SYMMETRY	ARC	NUCLEAR
LOCOMOTIVE	INTERFERENCE	SUPERSTRING
REMNANT	WHEELER	QUARKS

Puzzle # 69

```
K C V U Y Q L F P D R S Q A O R R W L K D M W
I E T R I B O E L E C T R I C F V A Z U F S S
B R H Y T I L I B I S S E R P M O C T I J I N
B E N T C E L F E R X T M N O V C W J O F S O
R B O V W J B A J X G M Q T V L N K H J M E I
E S I U R C B Z L H R M M T D Y O W I O R H T
Q T S E M I C O N D U C T O R M I U G A E T A
U Y R Z J S O A R S Q G Y M V R T H H Z C N U
I R O C E L B W X X Z O I D G C A D E U R Y Q
V F T A E R O D Y N A M I C S M N A N V U S E
A T Q M K A J J F J F R U M D G I U E K S O S
L F S P X C E K Q G N I D I L G M D R G H T M
E N D E C E L E R A T I O N C D U N G G O O I
N R L F N O N R E N E W A B L E L A Y R B H R
C P T L S N S N U X O R C W J K L L E Z U P E
E K E L A C S C I S U M Y Q M C I D T T W V E
U N B A L A N C E D M S I M A N Y D C F Y I S
C A X F F R U A C E P J N C P J R T T G O H M
```

TORSION	UNBALANCED	LAND
DYNAMISM	STORED	REFLECT
SEMICONDUCTOR	REES	DECELERATION
SOAR	PHOTOSYNTHESIS	GLIDING
COMPRESSIBILITY	MUSICSCALE	EQUIVALENCE
TRIBOELECTRIC	AERODYNAMICS	CRUSH
NONRENEWABLE	CRUISE	ILLUMINATION
ATOM	HIGH-ENERGY	EQUATIONS

Puzzle # 70

```
P O O M Z D I S C R E T E N E S S R V R Q H W
O L S U S C E P T I B I L I T Y Q E R D T F U
H U C D N O B C P R E M E I M C S U V O I Q S
R C I A O N A H P L A E L O I G N I L P U O C
H N L S I I Y N Q Y E Z P M A B T Z S T N L I
X H L H S T M O I N H V A M E U Q B W C A L N
B D A P S I W T F U P N U Y Q R A D I A N T O
Y B T G I V I O E S Y I M F R A V W V P E U S
J V E P M A W R Y D R G L I J D A X I M Y E A
Y X A E E R D P O B M T W N G G G A I I A O R
J N U E U G F R I B W Q S G N T Y Z I B F M F
A V I Z H G T L D A R K M A T T E R L O N T N
V I S K B C I I O D J V P M R C W A J F S H I
C S N G E U K L C I P O C S O R T C E P S E M
L I Q L Q T F X A B Z V T Y B I U Z O C O E X
I B E E V A E W C O S M O L O G I C A L H F J
D L V Q Y T I R A L O P S N D B H I K N X Q R
U E X L U O R H C L A N O I T R O P O R P L E
```

EQUILIBRIUM	HEAVY	DASH
INFRASONIC	PROTON	COUPLING
ELECTRODYNAMIC	WEAVE	IMPACT
ABLATION	MAGNIFY	EMISSION
ALPHA	DARKMATTER	SUSCEPTIBILITY
SPECTROSCOPIC	OSCILLATE	RADIANT
VISIBLE	DISCRETENESS	GRAVITINO
POLARITY	COSMOLOGICAL	PROPORTIONAL

Puzzle # 71

```
X N I A R T S I O K R G N W E G H Q K H I X Y
O L N N X J W H R S E X C I T A T I O N C U Q
Y G N O I T A L B A S Q T K P R P B X R S K J
E R A L U C S U P R O C M D D T U P T U O L M
Q T S Q X Q Z Y Y R C Z N K B E O H A P Y A T
A N C H O R O Y T Y X E T R E V N I H E Y N K
D I E S E L Q V I E T E Y N D E P S Q N E O W
F E P U A T L X C C B I O P S N M Q E D D I C
I G S S P N H M I H A U V G H P U V A U C T E
Z V Y A T X S C T O L L D I T V E N K L I A T
I W D F H B W E S W L L Z D T W K A K U N T J
N F S Y K P T O A U I O C S S A L Z K M O I X
D Z P U Z X T L L J S D H O U D L A D E M V J
Y Q I A I D R B E P T N A W C R E E O H R A K
N P R W N G T M F D I Z R Q Z Z K R R E A R H
S L A A L P C R D H C V M N M X X F O X H G C
S B L O A T E D B E S S S E N E T E R C S I D
H T J W T N B R R E K A E R B S C F W S V Y T
```

STRAIN	SPIRAL	BALLISTICS
LAND	BLOATED	ECHO
DISCRETENESS	BREAKER	ELASTICITY
PENDULUM	DENSE	OUTPUT
DIESEL	SPEAKER	CHARM
CORPUSCULAR	HARMONIC	ANCHOR
ABLATION	GRAVITATIONAL	PHASE
EXCITATION	RELATIVITY	VERTEX

Puzzle # 72

```
C R G N I K W A H I V M O L C O N S T A N T D
G A H S G T C C X R P Z A Z B O W P Q L P N E
S H O P E B H U U K K G R S I D W L G H O N Z
P F F N G T V Z R N V S L O O P L R I H W A I
T E A C N Z S N T H E R M O C O U P L E Y M R
K D B A O E M I C H I M H J H H R Y R K I L O
I I R L I X A A O N T I L G I D G P R B R L T
S S A O S P Q R N E M D E N S E I H C V G E O
H O N R S R S T D N G X L N I T V T K K W G M
D T E I I O Y S U E G E T N E R R U C X E L F
B H R E M G R C C X D E E B X P H O Q E O A T
F E H F E R L C T B F M N Q S U N S X L Z T A
J R E I K E E G I F R N U E L A W C L A L Q E
R M O C A S C G O V R E P V R Y H H Z Q I E J
N A S R G S K R N P R E A D U A Q T I C C U P
T L T U L I B V O M Z V V K N E T U T K U W C
V A A N B V J V Z Z O H P G E C I O N T D R G
V X T D N E Z T L V U N E K K R K W R W G G B
```

STRAIN	DENSE	MOTORIZED
CALORIEFIC	PROGRESSIVE	EXCHANGE
THERMOCOUPLE	SOUTH	LAW
NUCLEAR	WHIRLPOOL	CONDUCTION
EMISSION	SOFT	BREAKER
HAWKING	CONSTANT	GENERATOR
FLEX	ISOTHERMAL	BRANE
CURRENT	RHEOSTAT	GELL-MANN

Puzzle # 73

```
H O K M E S C H W A R Z S C H I L D Z S M B H
G X W Y V M I L R B E Y E L B M U R C Z W Y H
B T Q G I N W I R I N G A L P B E D W S F A C
G R W D S V W K C S U R G E M G L S W O I L L
B T J F S Y E N I L C N I U X I U Y A N Y W Y
A L D J A E R K B U U S L X I D O B O W B J X
B E O J M W U Q U H U P U H R E J J F Z X K Q
D Y G O L O M S O C I S W P Y T E K H Y T M X
W J L X Q P W R J R E Q P J E E M T J K E P T
C L R J D D F X A E N T F E R R I G E B K X H
T Y X S A M M A G F T N I K A M S A T J C H N
T N A T F I E L D L A E T P D I S T I M O I Q
F M N R V O H S F E N B G Z I N I P R K S R L
F U O O S B Z U L C G M H J U I O C S I H B P
K T F K D L W R E T L X O W M S N K M F N F R
C U K E K I R W I I E E I S P T X A B G D G U
N A M C V B V E O O Z O Q S I I O T F U F Z R
J P F H G W L V Y N R V I T P C Z T D W A O G
```

SURGE	PLUMB	INCLINE
STROKE	HUE	SUPERSTRING
SCHWARZSCHILD	RADIUM	FIELD
CRUMBLE	JOULE	BENT
EMISSION	SOCKET	COSMOLOGY
DETERMINISTIC	AUTUMN	MASSIVE
GYM	REFLECTION	GAMMA
WIRING	ENTANGLE	LAWS

Puzzle # 74

```
U R H S M A D M W C O O R D I N A T E S A F L
W H L L X L S G E L A C S C I S U M V L P A E
K I P I E I S I P E R M E A B L E Z C S C P A
C X E V M K K P Y X O U W H Z G L H Z I B G H
E B E A M H H W E X E J P B J M E H M O V N N
Q L N I S E Q U A L W B V O Z M J E G V H I O
S Y C J J X S H R O N O U M Y Q H H G N K T I
D P I T R A N S I S T O R B N C F H O T T A S
L A N O I T A T I V A R G A E E Q D H U E N E
G I C C B M O B O V D L X R H C V E P T B R H
C R E S T G W S K Q E N L D T K B T B N S E D
J E S R E W O P E S R O H M G U U I K D L T A
F K L S D S E Y P D A K C E N O M L V P R L X
S L I P S T R E A M R U L N E X N L S X A A S
V A L E N C E B A Y F W S T R K C E R M Z E J
F O R C E O Q V D O N R M P T V G T Q Y B X L
R H Y J N P T I S J I S F W S L O A M M Y D C
H S S E N T H G I R B B C Q W F B S D B L L B
```

FORCE	SLIPSTREAM	HORSEPOWER
LEAP	BRIGHTNESS	MUSICSCALE
ALTERNATING	ALCHEMY	ADHESION
SATELLITE	OUTPUT	GRAVITATIONAL
INFRARED	VALENCE	PERMEABLE
BOMBARDMENT	EQUAL	CHEMICAL
DYNAMISM	STRENGTHEN	CREST
TRANSISTOR	COORDINATE	LEVELS

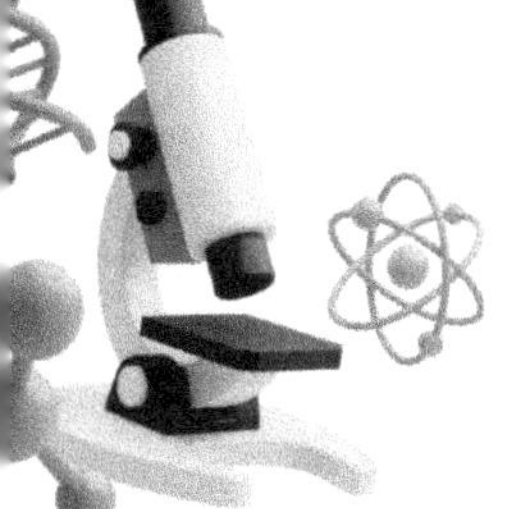

Puzzle # 75

```
D A R K M A T T E R W Y P H O T O N I C S A C
E I T E M P E R A T U R E Y J Q F X L K J U A
A T N E M E L G N A T N E J U R V Z Q Q E D H
M D E G R A H C I O R Q G H T Y R I X L L Y I
R E S U L T A N T O D A T M B N D R G N K N A
C S M L O N G I T U D I N A L Q E U G X I A K
Y W A V Q V A A Z Q N T B X P P A M R R B M N
O M G N B Z L X N N O L I O C E R R E D K O L
P A N N L U I K Y L O C O M O T I O N L L B N
D Y E M S M N L M R Z D F J T X K V W S E H M
K T T N Z J I P O L O N I U M Q H O B P J G C
B I I M Z J E O V I B R A T I O N M K C B X R
A L S F B L V D D Q L S Q Z P R N U E W F X K
B A M Q B W C I G Y A H J H A F L N H I C O M
K U Y M Y X L L E H S O M C R D E E P S V L P
K D U A N T I M A T T E R Q I E F Q V B E D S
O R F R E S O N A T E C J B T K L F U S I O N
C N D O S C I L L A T O R Y Y G L B H T M M D
```

RECOIL	RESONATE	LOCOMOTION
TEMPERATURE	ENTANGLEMENT	SHELL
ANTIMATTER	POLONIUM	RESULTANT
VIBRATION	CHARGED	LONGITUDINAL
DUALITY	FUSION	DARKMATTER
ELEMENT	SPEED	CRUMBLE
MAGNETISM	OSCILLATORY	PARITY
PHOTONICS	INSULATOR	DYNAMO

Puzzle # 76

```
N S H P F L M K X L T D Z U S F E Z W X F V P
O W R E A O S F E I L J L T E S J W N N D T P
I R E L A X A T I O N E S M S E N O T I G O L
T T F L P A C G C L V G H Q R N V D P Q L A T
C G R N F H O R J S G Q A S O V I L I O M P U
I M A D M D O N Y X P V G F S X G Y N P P E M
R O C E N U T T Y S W K M M N X Y I L O E R C
F L T E Y Q T C O B T U M K E I U I F Z V C M
B I I H L C U U C N V A I P T M F M M K Z U R
F P O J K S T V A A S Z L Q V Y O R B U F S N
S T N Y B X R L P R O P U L S I O N E Q M S L
J N N A P W E I D Q R U V E I S W P C R A I I
R R I E P G M O P O W E R C A Z B C B N K O M
O O M A R O O P C X A R F D Q Y E L L A H N M
F W S A M R R Y T I L I B I S S E R P M O C X
F P H N N O U D R J Y G K V O L U M E W Y X X
H C A O E U D C Y H P F U S I O N F E G I O P
Y O K L X T R F K H R F U L P K E L F D Q R F
```

FRICTION	AUTUMN	RELAXATION
REFRACTION	TONE	SHELL
CURRENT	TENSOR	PROPULSION
HYDRO	CRYSTALLIZE	PHOTONS
VOLUME	FUSION	DOMAINS
HALLEY	POWER	AMPLIFY
COMPRESSIBILITY	TREMOR	PERCUSSION
CHARGE	TENSORS	POLONIUM

Puzzle # 77

```
A T R S Q J J W A S Q X A W X S V O U N E T C
C O I L E N B L O A T E D C H F B F D E X S I
Y L N A E G U Y C R E X K O X E U T V N H C F
R I O T J S R Z O X N K R M R I E X L Q M I E
T X I N S V R A R M G N E P M K F L T N F N I
S D T E C N V E H A A U Z O M Z X K E D F O R
I N A M I H T N V C M F D U C A W N M R F T O
M M Z A F Z R C D A O G I N I U G U X E G O L
E U I D I A R H E W R Y H D C M R N Q O M H A
H I L N R P P E E T T T A R G H J V E F B P C
C N A U O A A D V S C X N R Q R X C A T N Z Z
O O M F L M G P M I E J V T X A O V Q T I N C
I L R N A Z B F O Q L O P U A Y D R D J U C D
D O O D C K O V O Z E M Z Q Q R A P H J X R M
A P N R N O I T A R U T A S Q E R G J Q S E E
R X E A M C A O X E C Y N Y I Z A P R O T O N
F L R G E F W M U T N E M O M D P N M X H M G
H D I F F E R E N T I A L Q D E V S I N Q Z M
```

MOMENTUM	DRAGFORCE	COIL
X-RAY	PROTON	ELECTROMAGNET
WHEELER	CHARGES	DRAG
CALORIFIC	CALORIEFIC	TRAVERSE
DIFFERENTIAL	CURVATURE	POLONIUM
FUNDAMENTAL	COMPOUND	BLOATED
SATURATION	MAGNETIC	PHOTONICS
PARADOX	RADIOCHEMISTRY	RENORMALIZATION

Puzzle # 78

```
C T Z Y B L R D Q Z J R O O L F R V B L Z J F
C I R T C E L E O B I R T C P G E O H Q Z V S
X U A D V P B U I G Y B M X E F S L L B F E W
G L A S H O W H X Z Y C S N R W R T I N T E D
I C K K I R W D X G T B H O I K E A O I A E B
L C J L M M A Q F B I L D I H N V U X R H M G
M C I R O L A C L N V J Y T E O N C X O Q A D
E N E L C I T R A P I T N A L Q I R V V D G W
G O A I J L W B N U S F Q L I T O N E K A N J
L D Q C L A H W I N S U C L O I N F R A R E D
V W A M A C X V M X I M O I N J P I O K Y T J
I R Z X R I Q L R P M S Y C R X F F T Z N I N
B K Z H G R I T E R E Z W S L A E H A Q G T U
R S Z M E T U Y T D K G B O E K Y J L P S E Q
A X Y B T C X E T R O V Z A L T I T U D E Q A
T B E R N E R C L P H I C R W E F S S E O K A
E T F E I L J R E A C T I O N T Q H N S J G I
P G E S X E T C A R F E R I C H A Y I Q U W H
```

VORTEX	OSCILLATION	ELECTRICAL
BOILING	TINTED	INSULATOR
GLASHOW	INTEGRAL	REACTION
ALTITUDE	VIBRATE	EMISSIVITY
TONE	MAGNETITE	REFRACT
INVERSE	TERMINAL	FLOOR
CALORIC	INFRARED	ANTIPARTICLE
VOLTA	PERIHELION	TRIBOELECTRIC

Themed Word Search Puzzles: Issue 12

Puzzle # 79

```
G M K M X S K Q Z X U X V Y B T A N G E N T S
V T G A A M K R M H K C H J B C L H B W M D U
W F M N Y E Y H N O N R E N E W A B L E A H E
X A M E F E C F T N A T L U S E R K U S W L L
V V V E V Y F N N Q D C H X U J C P T L A Y C
R I Y M V N T M E B N N D K O H H X Y B E G U
O W B G U I S Q L L G R A I Y A E Y W L V R N
T J M R F R T N L T A S H P G S M Q H E E U M
A H R K A O T O K X P V S A X C I B C U V S R
L D N U T T R C M P A M I U P E S G V F A T O
L Y A W T E E C E O F U Y U E B T J R O W Y F
I Z X N R D J E E P R V P I Q K R V H I K F E
C Y R F A F V R N L S T Y A M E Y J B B C B V
S K M G C D W A I L O U C S M M A N C H O R A
O J L L T L G L I Q U I D E L M O F O H H Y W
H C T Y I G S D E G N A H C L M A B R K S E B
Y R O L O M J M V R D Z S W K E F G C F N Y E
M L F D N K X U Q I C T I L U A P H I H M T W
```

ATTRACTION	TANGENT	SAG
NONRENEWABLE	LIQUID	WAVEFORM
ELECTROMOTIVE	BOHR	LAW
G-FORCE	BIOFUEL	OSCILLATOR
SPECTRUM	NUCLEUS	EQUIVALENCE
PAULI	RESULTANT	ANCHOR
VIBRATE	CHANGE	SHOCKWAVE
GAMMA	EXPAND	CHEMISTRY

Puzzle # 80

CLASSICAL	CAPACITOR	SUPERSONIC
CALORIMETERS	HORSEPOWER	ZODIAC
VALENCE	CREST	JIGGLE
RECTILINEAR	HORIZON	PROBABILITY
TRANSLUCENT	CAPACITATE	TEXTURE
SUPERSTRING	MICROWAVE	REFRIGERANT
BURST	COSMOLOGY	ALPHA
DAZZLE	RESONANCE	PRINCIPIA

Puzzle # 1

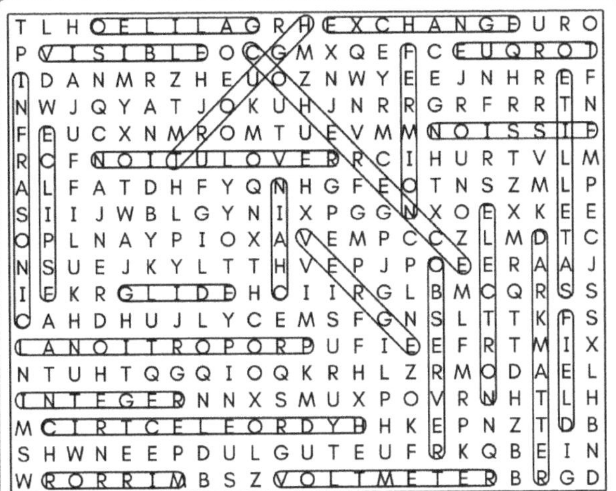

TORQUE	FIELD	CHAIN
TROUGH	INTEGER	FISSION
DARKMATTER	GALILEO	REVOLUTION
SATELLITE	HYDROELECTRIC	VISIBLE
VERGE	FERMION	VOLTMETER
OBSERVER	GLIDE	ELECTRON
MIRROR	INFRASONIC	COHERENCE
EXCHANGE	ECLIPSE	PROPORTIONAL

Puzzle # 2

CALCULUS	WEIGHTED	JOULE
CLING	PITCH	DIODE
PARAMAGNETICS	SHIELDING	CONICAL
SAG	WAVER	LENS
WAVEFORM	SEMICONDUCTOR	WEAVE
PROPORTIONAL	ANCHOR	CHEMICAL
SKIP	SONAR	ELECTRICITY
MAGNETITE	MILGRAM	DETERMINISM

Puzzle # 3

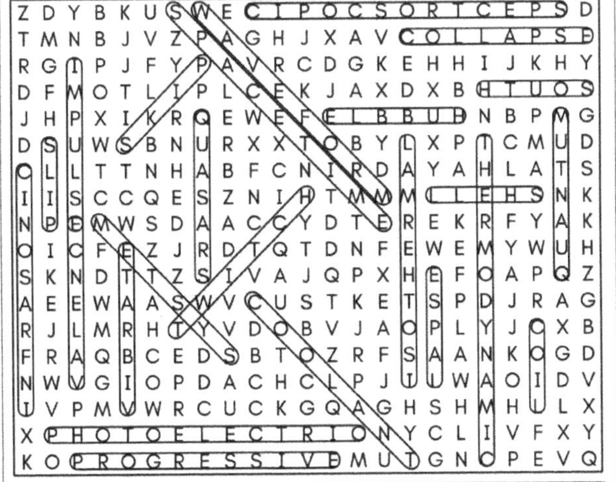

IMPULSE	QUANTUM	SKIP
COOLANT	INFRASONIC	SHELL
SPACETIME	LAPSE	VIBRATE
SLIP	COIL	PHOTOELECTRIC
WAVEFORM	VALENCE	QUASARS
SPECTROSCOPIC	SYSTEM	TWITCH
ISOTHERMAL	PROGRESSIVE	COLLAPSE
SOUTH	HUBBLE	THERMODYNAMIC

Puzzle # 4

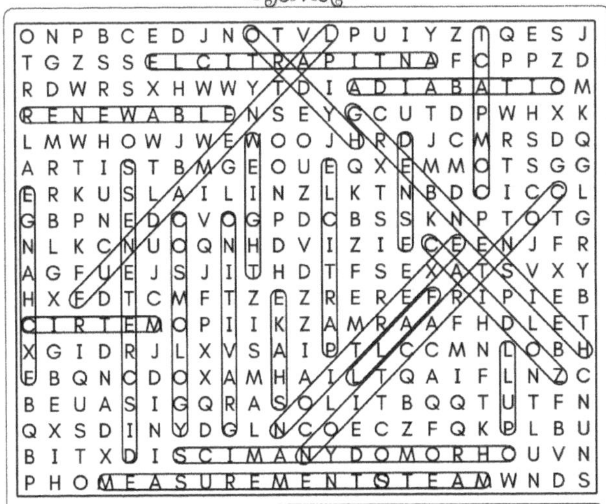

WEIGHT	DENSE	RENEWABLE
STEAM	DISCRETENESS	ANTIPARTICLE
ZODIAC	MEASUREMENTS	PULL
HYDRO	CONTRACTION	ADIABATIC
HEISENBERG	EXCHANGE	METRIC
CHROMODYNAMICS	FALL	EXERTION
SHAKE	PARTICLE	GRAVITINO
COSMOLOGY	COMPACT	FUNDAMENTAL

Puzzle # 5

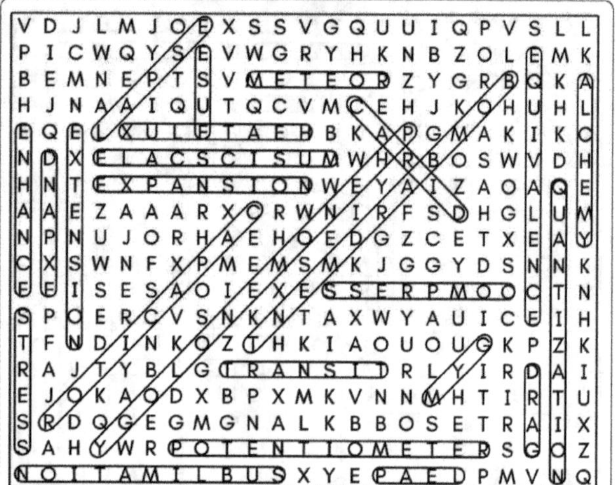

DRAG	EXPANSION	SUBLIMATION
QUANTIZATION	FUSE	METEOR
EXPAND	ALCHEMY	STRESS
LEAP	HEATFLUX	EXTENSION
POTENTIOMETER	TRANSIT	COMPRESS
BOMBARDMENT	GYM	ENHANCE
MUSICSCALE	CAPACITOR	EQUIVALENCE
LAPSE	DIRAC	PHENOMENOLOGY

Puzzle # 6

MOMENTUM	BATTERY	GALVANOMETER
FIELD	PARTICLE	ZODIAC
ATOMIC	BINDING	OSCILLATION
TRAMPOLINE	GALAXY	INCLINE
RADIUS	ARC	QUANTUM
GEODESIC	GRAVITATE	CHARM
MASS	GRADIENT	COSMOLOGICAL
AUTUMN	SUPERSONIC	DIAGRAMS

Puzzle # 7

FRICTION	ARC	ATOMIC
EXPANSION	DRUM	GLUON
SUSCEPTIBILITY	SMOOTH	MOMENTUM
MASSIVE	JOULE	SKIP
ACOUSTIC	ELECTRICITY	ASTEROID
GLASHOW	REPULSION	FLOOR
THERMODYNAMICS	TRAMPOLINE	DECAY
WIRING	METEOR	VERTEX

Puzzle # 8

FORCE	PATH	RENEWABLE
VISIBLE	RADIOACTIVITY	SOFT
TENSORS	WITTEN	COUNTERFORCE
BURST	EXOTHERMIC	PITCH
LEPTON	VOLTAGE	PARADOX
STROGATZ	OPPOSITE	GRADIENT
DIESEL	INTEGER	STANDARD
STATIC	VACUUM	GALILEAN

Puzzle # 9

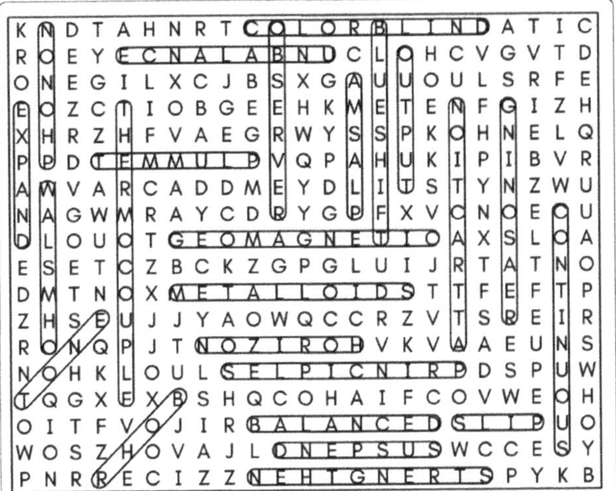

ATTRACTION	PLUMMET	SUSPEND
COLORBLIND	PHONON	GEOMAGNETIC
EXPAND	REASONING	UNBALANCE
OUTPUT	STRENGTHEN	TONE
OHM'SLAW	HORIZON	CONTINUOUS
OBSERVER	BALANCED	SLIP
PLASMA	METALLOIDS	THERMOCOUPLE
BLUESHIFT	BOHR	PRINCIPLES

Puzzle # 10

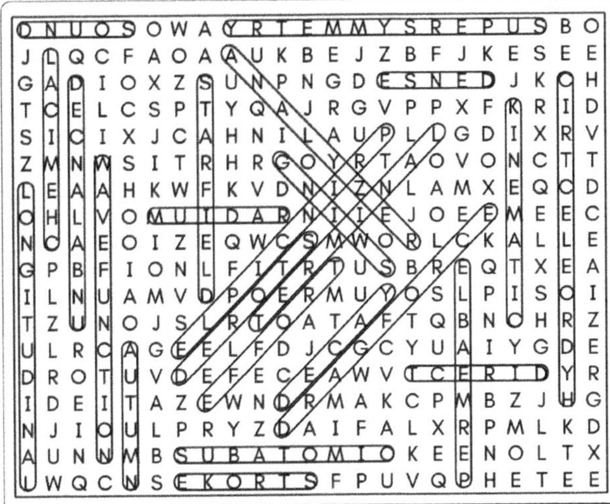

PRINCIPLE	TERMINAL	AUTUMN
HYDROELECTRIC	STORED	ANALYZER
SUBATOMIC	PERMEABLE	KINEMATIC
DRAGFORCE	DENSE	EFFORT
SOUND	WAVEFUNCTION	SUPERSYMMETRY
STARFIELD	UNBALANCED	SWING
CHEMICAL	STROKE	LONGITUDINAL
DECAY	DIRECT	RADIUM

Puzzle # 11

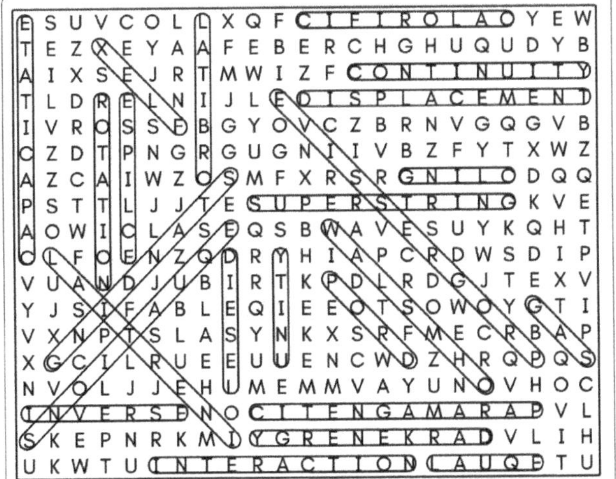

EQUAL	ROTATION	CALORIFIC
DIESEL	PROGRESSIVE	OHM'SLAW
INERTIAL	INVERSE	INTERACTION
DROP	FLEX	GAS
ORBITAL	CONTINUITY	DARKENERGY
UNITY	DISPLACEMENT	CAPACITATE
CLING	STANDING	SUPERSTRING
PARAMAGNETIC	ECLIPSE	EQUATIONS

Puzzle # 12

FULCRUM	BURST	ADHERE
PHOTOELECTRIC	LEVEL	CONTINUITY
COSMIC	ISOTOPES	STATICS
HYDRO	VAPORATION	TRAVERSE
DECAY	SUSCEPTIBILITY	SAGAN
OBSERVER	LAW	OSCILLATOR
TRANSPARENT	BEAT	GRAVITINO
MANIFOLD	INFINITESIMAL	FLUCTUATION

Puzzle # 13

INERTIA	PLUMMET	SURF
TRAVERSE	STRANGE	CONTINUITY
GALAXY	GLASHOW	FORCEFIELD
DENSE	LIQUID	REFLECT
ANTIPARTICLE	PARAMAGNETIC	TRANSIT
BOMBARDMENT	SEESAW	WATT
TSUNAMI	RADIOACTIVITY	SEMICONDUCTOR
SPECIAL	HIGH-ENERGY	DETERMINISTIC

Puzzle # 14

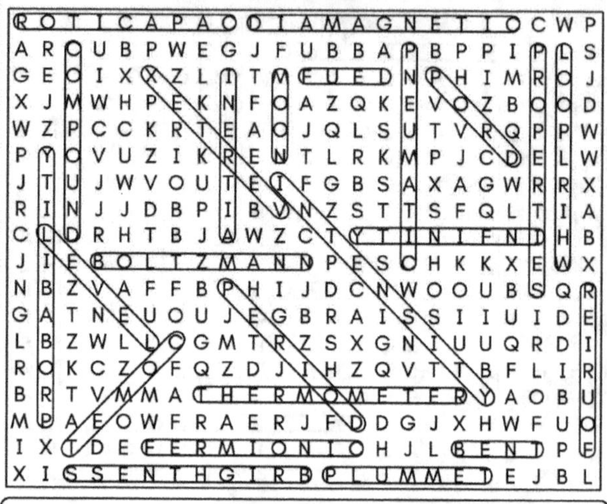

INERTIA	COMET	FUEL
BENT	INTENSITY	PROBABILITY
DIAMAGNETIC	BOLTZMANN	COMPOUND
PLUMMET	PNEUMATIC	THERMOMETER
PERIOD	FERMIONIC	INFINITY
PROPERTIES	MOON	DROP
WHIRLPOOL	BRIGHTNESS	LEVEL
CAPACITOR	FOURIER	VERTEX

Puzzle # 15

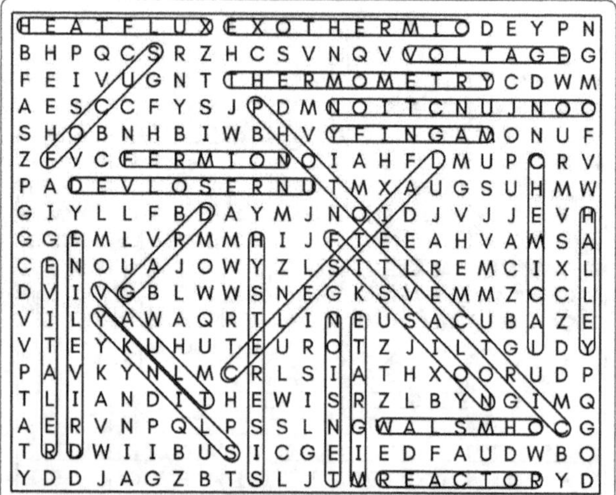

TENSION	DRIVELINE	CHEMICAL
SLINKY	HEATFLUX	PHOTOELECTRIC
UNRESOLVED	HYSTERESIS	DRAG
RELATIVE	REACTOR	EXOTHERMIC
FOCUS	FISSION	VOLTAGE
CONJUNCTION	CELESTIAL	MIGRATE
VAULT	THERMOMETRY	MAGNIFY
FERMION	OHM'SLAW	HALLEY

Puzzle # 16

LIFT	DESCENT	CLING
DRUM	SOFT	SPHERE
REST	RELAXATION	MIRROR
SPEAKER	NEBULA	COULOMB
SOAR	CRASH	X-RAY
HEISENBERG	OCCULTATION	MATRICES
GEAR	HEIGHT	TRANSLUCENT
GRANULARITY	TWIST	CHARGES

Puzzle # 17

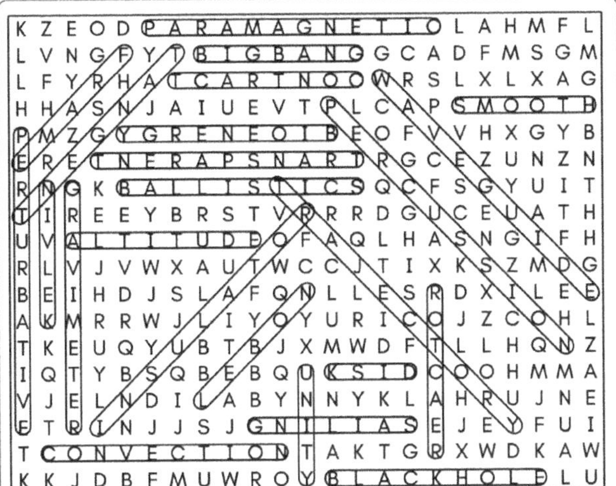

TRAJECTORY	ALTITUDE	BALLISTICS
REACTOR	CONVECTION	INSULATOR
SMOOTH	NOBEL	FRAME
BLACKHOLE	BIOENERGY	SAILING
TRANSPARENT	PARAMAGNETIC	DISK
PERTURBATIVE	TANGENT	GRAVIMETER
WAVEGUIDE	CONTRACT	PERCUSSION
BIGBANG	KELVIN	UNITY

Puzzle # 18

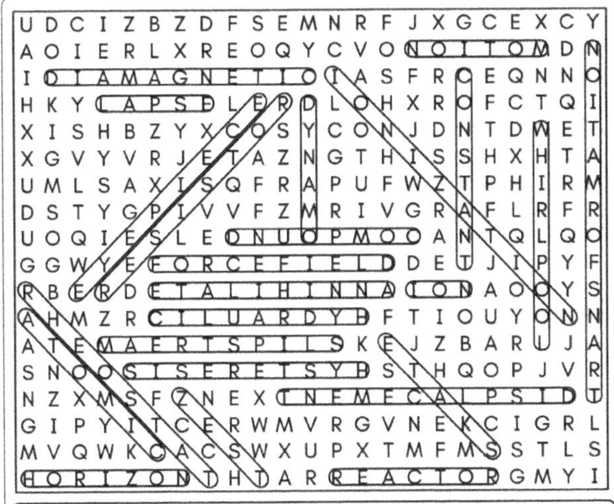

FORCEFIELD	COMPOUND	SKATE
HYDRAULIC	EYEPIECE	ANNIHILATE
DIAMAGNETIC	HORIZON	MOTION
CONSTANT	ATOMIC	REACTOR
IONIZATION	RESISTOR	HYSTERESIS
LAPSE	DISPLACEMENT	SLIPSTREAM
ZEST	WHIRLPOOL	ION
RHEOSTAT	TRANSFORMATION	DYNAMO

Puzzle # 19

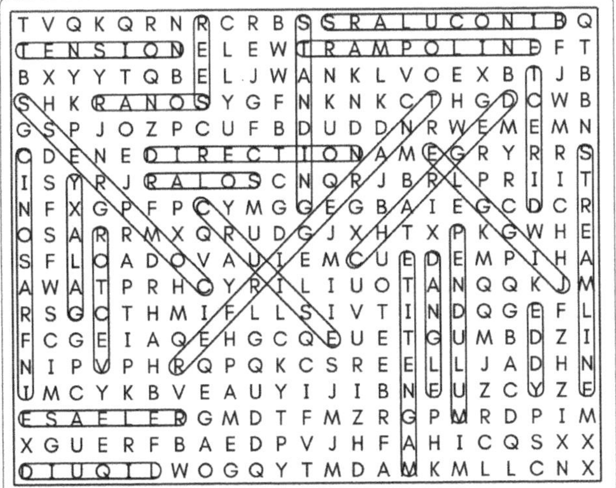

TENSION	STREAMLINE	RELEASE
JIGGLE	CHARGED	STANDING
DIRECT	COMPRESS	VECTOR
PENDULUM	EDDY	DANGLE
REFRIGERANT	SONAR	MAGNETITE
REES	DIRECTION	SOLAR
CRUISE	TRAMPOLINE	LIQUID
INFRASONIC	GALAXY	BINOCULARS

Puzzle # 20

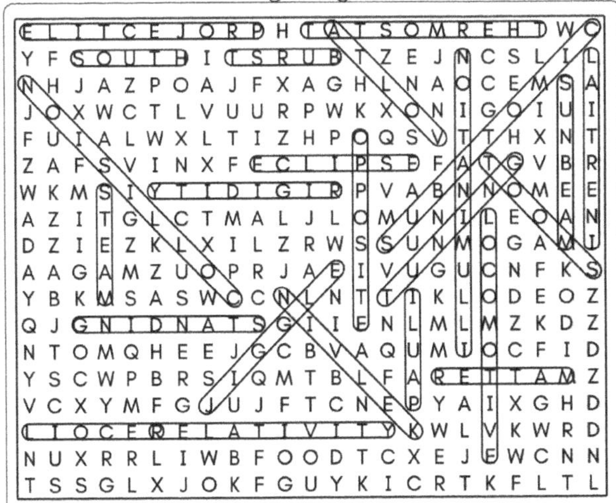

RECOIL	OPPOSITE	LOCOMOTIVE
THERMOSTAT	STANDING	MATTER
INERTIAL	KELVIN	COLLISION
PROJECTILE	JIGGLE	ILLUMINATION
TUNING	RELATIVITY	ECLIPSE
VOLTA	RIGIDITY	BURST
STEAM	SUNBEAM	SUBATOMIC
SOUTH	PAULI	SMOOT

Puzzle # 21

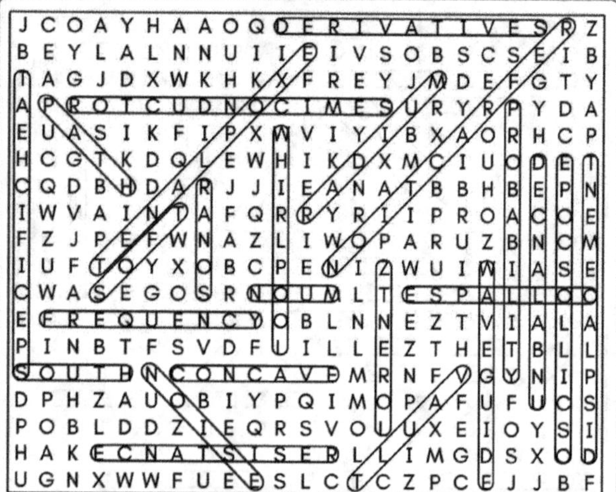

RESISTANCE	PATH	VAULT
CONCAVE	NOISE	MUON
OSCILLOSCOPE	EXOPLANET	DISPLACEMENT
WAVEGUIDE	SPECIFICHEAT	FREQUENCY
PROBABILITY	SOFT	SOUTH
DERIVATIVES	UNBALANCED	WHIRLPOOL
REFRACTION	SONAR	COLLAPSE
SEMICONDUCTOR	LORENTZ	RADIUM

Puzzle # 22

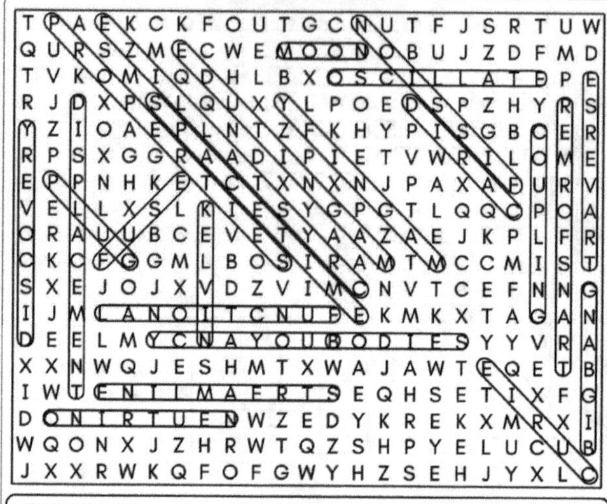

BUOYANCY	MAGNITUDE	SPACE-TIME
PLUG	TRAVERSE	FUNCTIONAL
BIGBANG	KELVIN	BODIES
STREAMLINE	MOON	CRYSTALLIZE
FISSION	COUPLING	CURIE
DISCOVERY	DISPLACEMENT	OSCILLATE
TRANSFORMER	MAGNIFY	NEUTRINO
FUSE	DIRAC	PROPERTIES

Puzzle # 23

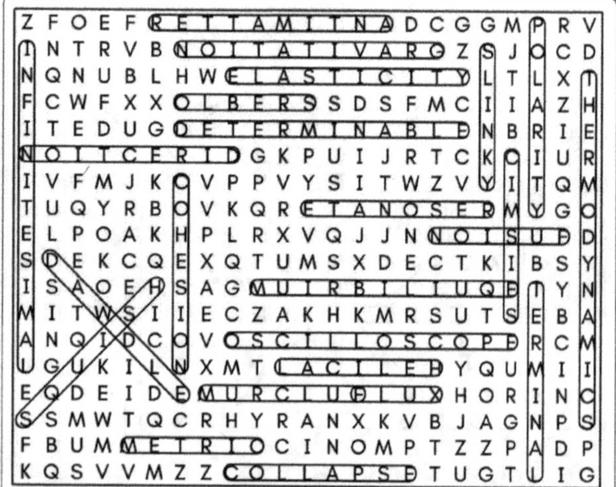

COHESION	GRAVITATION	DIRECTION
DAWDLE	SLINKY	COLLAPSE
OSCILLOSCOPE	METRIC	EQUILIBRIUM
ELASTICITY	RESONATE	FLUX
SQUISH	FUSION	POLARITY
INFINITESIMAL	FULCRUM	TERMINAL
HELICAL	THERMODYNAMICS	SEISMIC
ANTIMATTER	OLBERS	DETERMINABLE

Puzzle # 24

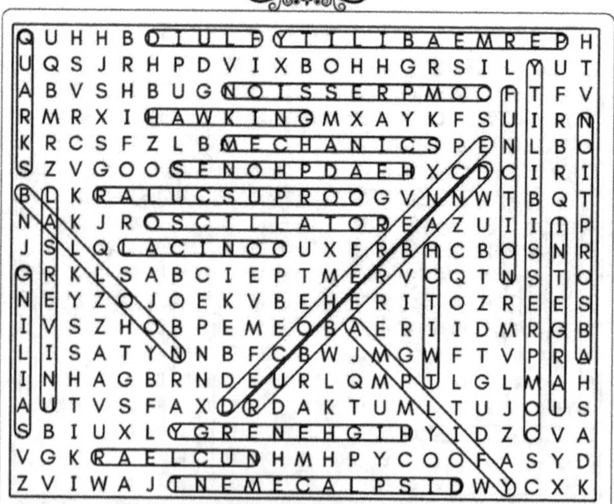

COMPRESSION	DISPLACEMENT	AMPLIFY
TWITCH	COMPRESSIBILITY	DECOHERENCE
HAWKING	UNIVERSAL	FLUID
CONICAL	OSCILLATOR	BALLOON
ABSORPTION	FUNCTION	HIGH-ENERGY
INTEGRAL	MECHANICS	NUCLEAR
SAILING	RUBBERBAND	HEADPHONES
PERMEABILITY	CORPUSCULAR	QUARKS

Puzzle # 25

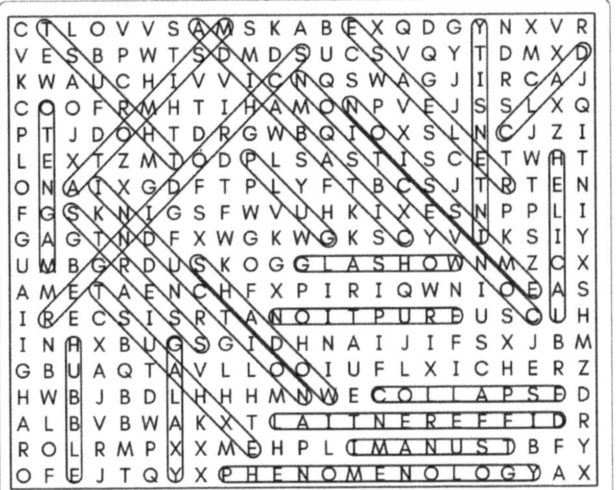

THRUST	EXHAUST	PLUG
INTENSITY	EMISSION	ATOMISM
GALAXY	GLASHOW	STRESS
RELEASE	CONVECTION	SHADOW
COLLAPSE	MAGNETO	HUBBLE
PHENOMENOLOGY	HELICAL	ERUPTION
ADIABATIC	TSUNAMI	DIFFERENTIAL
INDUCTION	SCHRÖDINGER	CLAD

Puzzle # 26

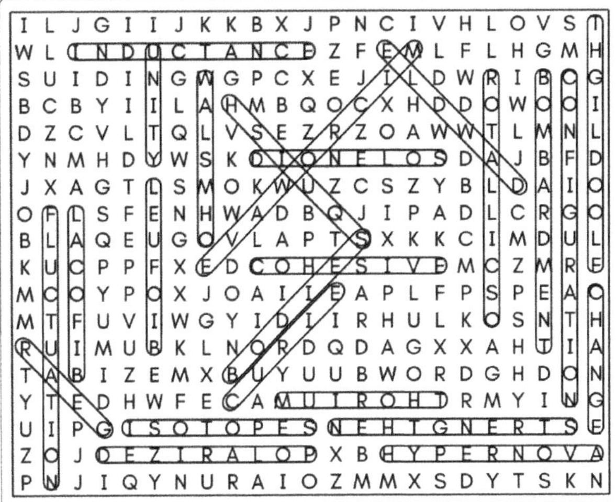

BODIES	BIOFUEL	SQUISH
BIFOCAL	CONFIGURATION	SOLENOID
CURIE	BOMBARDMENT	GEAR
OSCILLATOR	STRENGTHEN	POLARIZED
INDUCTANCE	HYPERNOVA	ISOTOPES
FLUCTUATION	DAWDLE	COHESIVE
CHANGE	MICROWAVE	OHM'SLAW
FLOODLIGHT	THORIUM	UNITY

Puzzle # 27

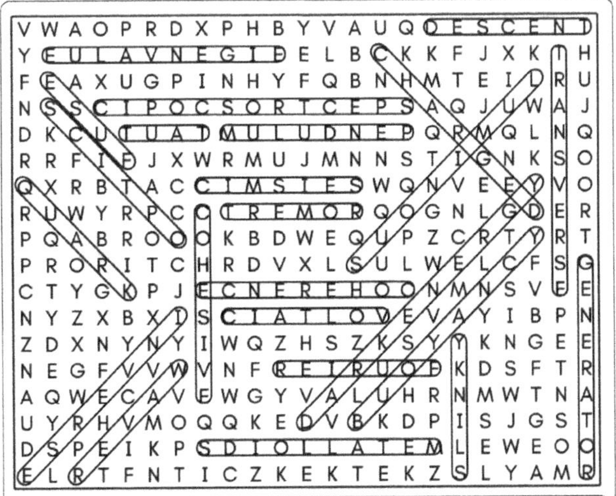

BUOYANCY	SEISMIC	PENDULUM
TREMOR	DESCENT	QUARK
GENERATOR	COHERENCE	WAVER
EIGENVALUE	SLINKY	METALLOIDS
COHESIVE	FUSE	CHARGED
DARKENERGY	TAUT	FOURIER
OPTICS	SPECTROSCOPIC	LUMINOUS
VOLTAIC	TRANSVERSE	INVERSE

Puzzle # 28

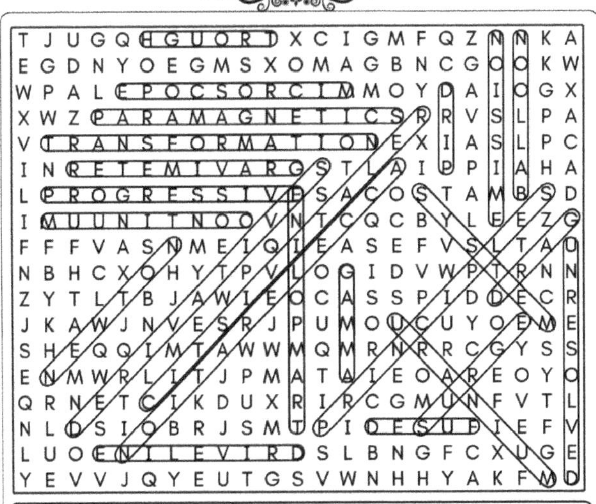

DRAG	SURGE	DRIP
TRAMPOLINE	PROGRESSIVE	UNRESOLVED
TRANSFORMATION	DERIVATIVES	ACCELERATION
NEWTON	SYSTEM	MICROSCOPE
EMISSION	FUSED	CONTINUUM
URANIUM	DRIVELINE	GRAVIMETER
BALLOON	TROUGH	GAMMA
PARAMAGNETICS	RELATIVISTIC	PRINCIPLES

Puzzle # 29

BODIES	MOON	ELECTRON
TRANSFORM	DIFFUSION	BLACKBODY
OBSERVABLE	SAGAN	SPIN
COMET	CALORIMETER	ACCUMULATE
X-RAY	STANDARD	TEXTURE
SHIELDING	VIBRATION	POTENTIAL
ZEST	CONDENSATION	DUEL
MAGNETO	WHEELER	GLUONS

Puzzle # 30

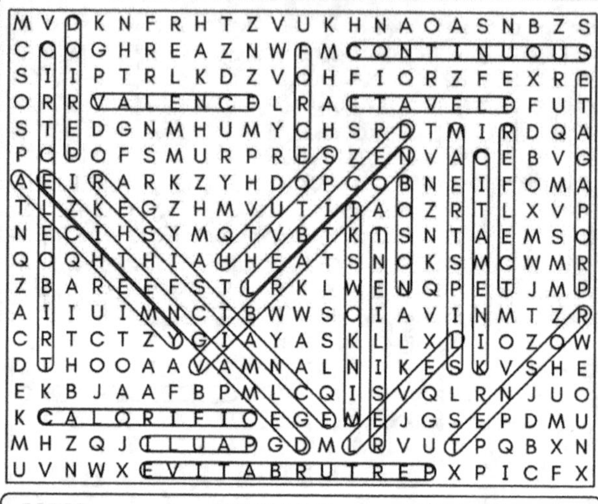

FORCE	SLIPSTREAM	RESILIENT
PROPAGATE	LEVEL	SOUTH
TENSOR	ALCHEMY	RESISTANCE
VIBRATION	ELEVATE	DECIBEL
VALENCE	DEMAGNETIZE	CONTINUOUS
TRIBOELECTRIC	KINEMATIC	CALORIFIC
PERIOD	REFLECT	BOSON
MINKOWSKI	PAULI	PERTURBATIVE

Puzzle # 31

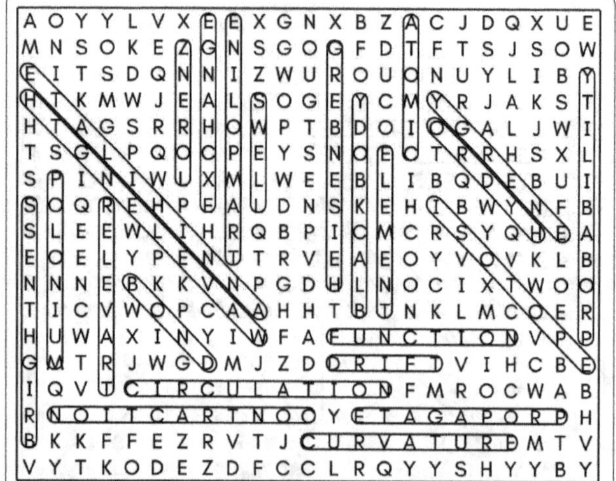

DRIFT	HYDRO	TRAMPOLINE
SWELL	BLACKBODY	BOND
ANNIHILATE	LORENZ	ENERGY
CIRCULATION	WAVELENGTH	PROPAGATE
HEISENBERG	ISOTOPE	CURVATURE
POLONIUM	ATOMIC	CONTRACTION
BRIGHTNESS	PROBABILITY	FUNCTION
EXCHANGE	TRAVELER	ELEMENT

Puzzle # 32

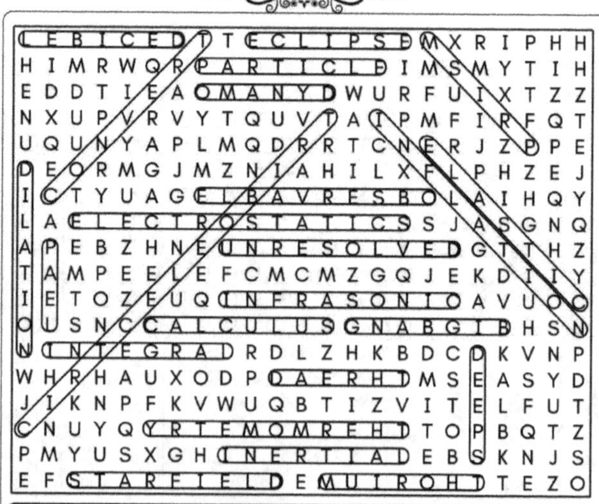

ELASTIC	CONVERT	PARTICLE
DECIBEL	INERTIAL	OBSERVABLE
THREAD	DYNAMO	CALCULUS
LEAP	PRISM	UNRESOLVED
BIGBANG	STARFIELD	INTEGRAL
ELECTROSTATICS	SPEED	THERMOMETRY
INFRASONIC	DILATION	INFLATION
ECLIPSE	THORIUM	TRIBOELECTRIC

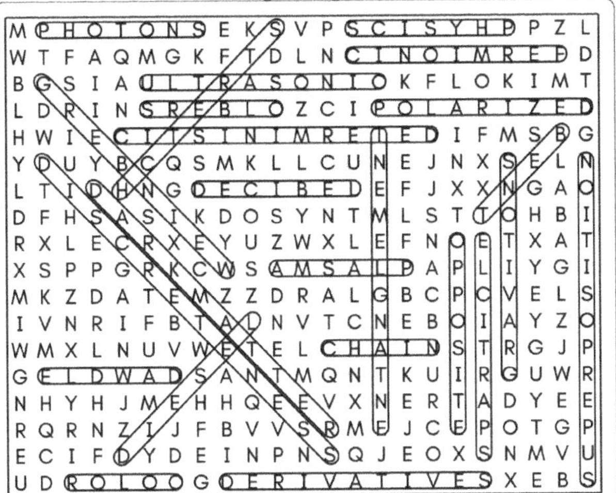

OPPOSITE	STRETCH	PLASMA
PHOTONS	SUPERPOSITION	SPARTICLE
FERMIONIC	DERIVATIVES	DAWDLE
BENT	COLOR	ULTRASONIC
ENTANGLEMENT	DARKMATTER	OLBERS
PHYSICS	CHAIN	DIESEL
POLARIZED	DECIBEL	DISCRETENESS
GRAVITONS	WEINBERG	DETERMINISTIC

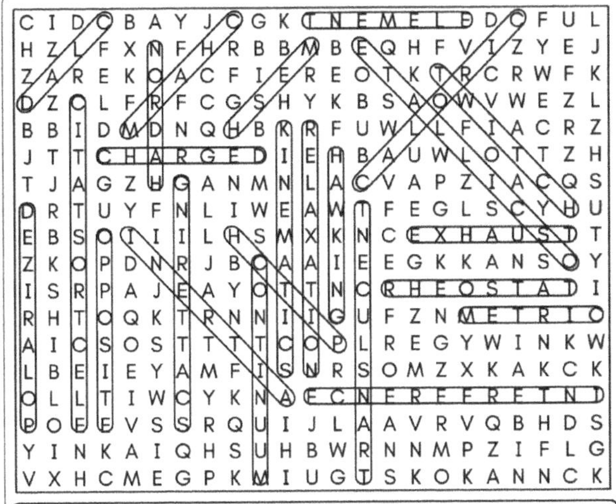

Puzzle # 34

INERTIA	PITCH	OSCILLATE
RHEOSTAT	RELAXATION	METRIC
ELECTROSTATIC	CLAD	INTERFERENCE
OPPOSITE	HADRON	CALORIC
MESH	CHARGED	ELEMENT
POLARIZED	KINEMATICS	CHARM
EXHAUST	CONTINUUM	TWITCH
HAWKING	TRANSLUCENT	SCATTERING

UNBALANCE	ALTITUDE	RATIO
MAGNIFY	EXTENSION	POLARITY
COORDINATE	STROGATZ	VELOCITY
CURVE	SAILING	ILLUMINATION
VALENCE	CURVATURE	UNIVERSE
ALCHEMY	REVOLUTION	CALORIMETER
SKIP	LONGITUDINAL	INDUCTANCE
TRANSFORMATION	OLBERS	PHYSICS

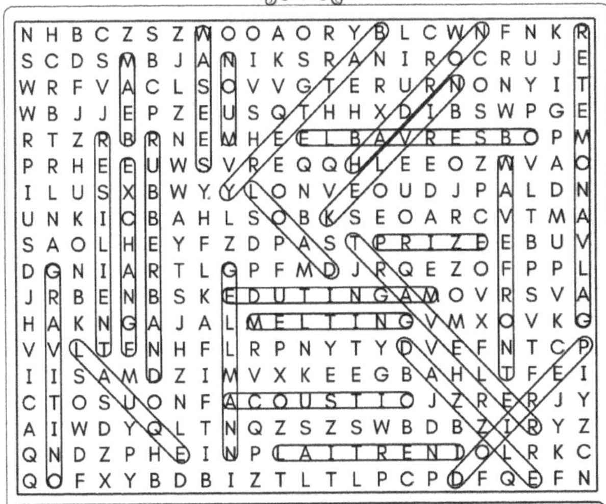

Puzzle # 36

LOAD	MAGNITUDE	RESILIENT
DAZZLE	ACOUSTIC	EXCHANGE
INERTIAL	KELVIN	SEESAW
BATTERY	MELTING	PERIOD
HADRON	MUON	TRAVELER
GELL-MANN	EQUAL	RUBBERBAND
BEAM	WAVEFRONT	GRAVITINO
GALVANOMETER	OBSERVABLE	PRIZE

Puzzle # 37

TENSION	GRADIENT	TRAMPOLINE
TRANSPARENT	INTEGER	ELECTRICITY
CONVERGENCE	VOLTAIC	IMPACT
ZEST	BOILING	GLOW
SPECTROSCOPY	POTENTIOMETER	PAULI
SHIELDING	DIRECTION	LOCOMOTIVE
CONCAVE	OSCILLATORY	SOFT
INDUCTION	WHEELER	ELECTROPLASMATIC

Puzzle # 38

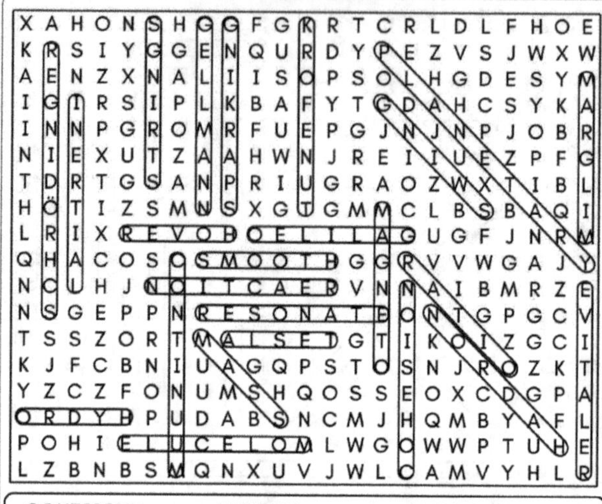

COHESION	INERTIAL	MOLECULE
REACTION	GALILEO	STRINGS
RESONATE	GELL-MANN	MAGNETO
SWING	PLANETARY	CONTINUUM
RATIO	MASS	SMOOTH
TUNEFORK	RELATIVE	SCHRÖDINGER
HADRON	HOVER	MILGRAM
TESLA	HYDRO	SPARKING

Puzzle # 39

TERRESTRIAL	TRANSFORMER	ADIABATIC
TELESCOPE	PROBABILITY	DARKMATTER
DIAMAGNETIC	URANIUM	VIBRATION
VOLT	EMISSIVITY	PHOTONS
NONCLASSICAL	INDUCTANCE	STARFIELD
DYNAMO	EFFICIENCY	SAILING
REFLECTION	STRINGS	NEUTRINO
ELECTROMOTIVE	POLISH	CAPACITANCE

Puzzle # 40

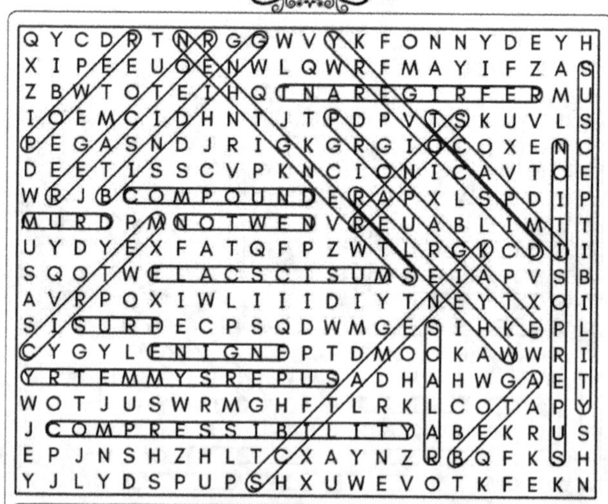

SCALAR	POWER	ENGINE
STRENGTHEN	SONAR	MUSICSCALE
BINDING	METRIC	IMPACT
COMPOUND	REACTOR	COMPRESSIBILITY
PROPAGATE	SUPERPOSITION	SUPERSYMMETRY
WHEELER	KINEMATICS	NEWTON
SURF	REFRIGERANT	DRUM
BETA	SUSCEPTIBILITY	DISCOVERY

Puzzle # 41

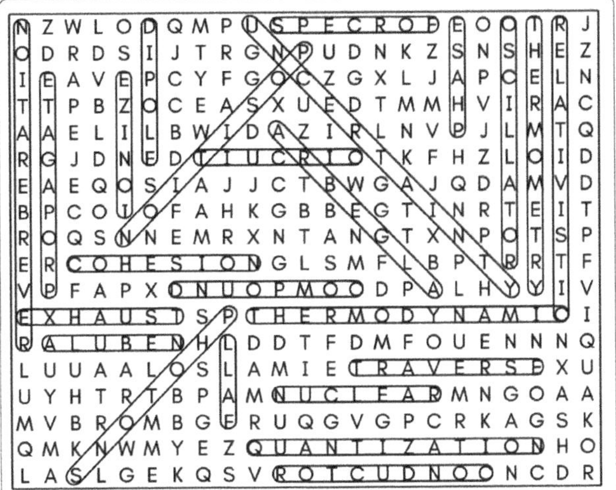

COHESION	FALL	OSCILLATOR
THERMOMETRY	PROPAGATE	UNCERTAINTY
CONDUCTOR	NEBULA	FORCEPS
NUCLEAR	ALGEBRA	PHASE
TRAVERSE	QUANTIZATION	DIPOLE
IONIZE	COMPOUND	EXHAUST
POSITION	PHOTONS	REVERBERATION
CIRCUIT	RELATIVISTIC	THERMODYNAMIC

Puzzle # 42

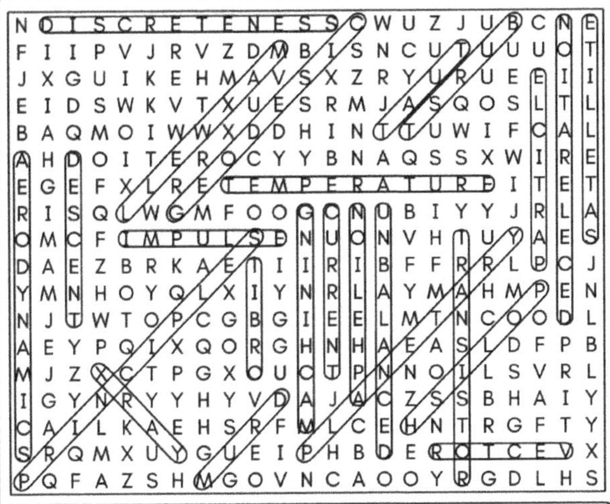

VECTOR	IMPULSE	BURST
MACHINING	PARTICLE	DISCRETENESS
GEODESIC	APHELION	DECELERATION
ORBIT	SATELLITE	TAUT
X-RAY	CURRENT	MAXWELL
POLISH	AERODYNAMICS	UNBALANCED
DESCENT	TEMPERATURE	DRUM
TRANSISTOR	PLANETARY	PRINCIPLES

Puzzle # 43

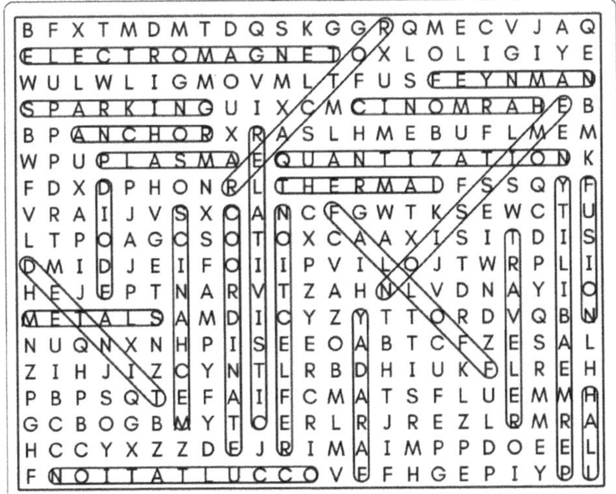

MECHANICS	FALLOFF	PLASMA
EMISSION	METALS	PERMEABILITY
COORDINATE	FARADAY	HARMONIC
THERMAL	REFLECTION	QUANTIZATION
DIODE	HALL	TRAVELER
FEYNMAN	ANCHOR	REACTOR
TINTED	FUSION	ELECTROMAGNET
RELATIVISTIC	OCCULTATION	SPARKING

Puzzle # 44

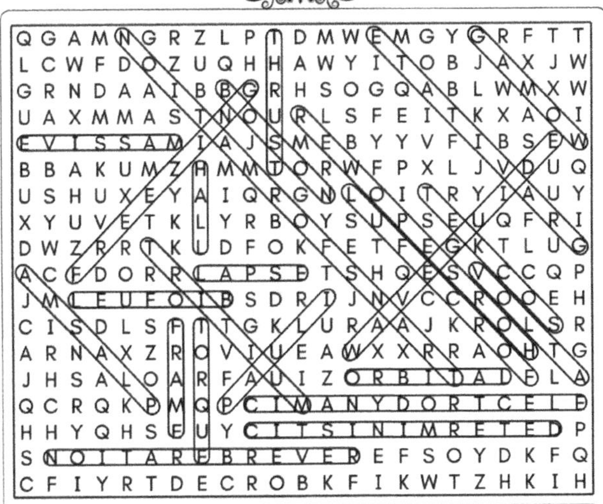

THRUST	FRAME	HORSEPOWER
FREEZING	ORBITAL	SOCKET
TRANSFORMATION	VOLTA	TORQUE
MASSIVE	BIOFUEL	PLASMA
BOSON	ELECTRODYNAMIC	LAPSE
GAMOW	FORCEFUL	GRAVITATE
WAVEGUIDE	REVERBERATION	TRITIUM
HALL	PAULI	DETERMINISTIC

Puzzle # 45

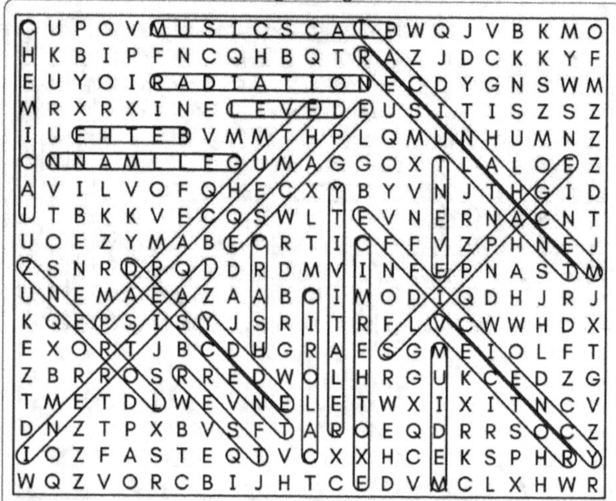

VECTOR	RESULTANT	EFFICIENCY
CALORIC	EXOTHERMIC	MUSICSCALE
EVENT	LORENZ	SLIPPAGE
PARACHUTE	CHEMICAL	EDDY
RADIATION	LEVEL	INERTIAL
GELL-MANN	REST	DESCENT
MECHANICAL	CRASH	MEDIUM
RELATIVITY	ESCAPE	BETHE

Puzzle # 46

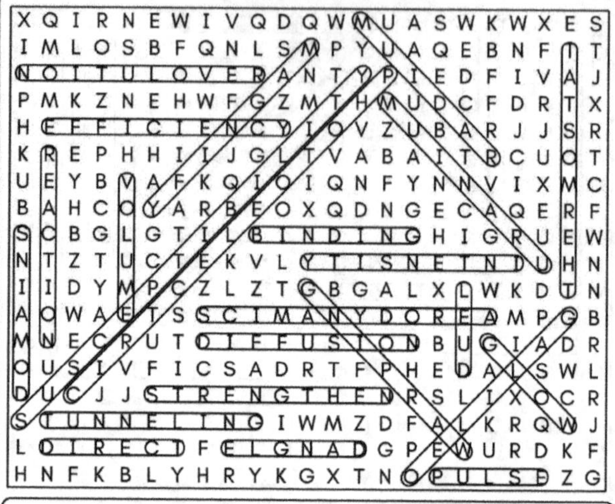

AERODYNAMICS	PULSE	STRENGTHEN
MAGNIFY	GLOW	TUNNELING
DOMAINS	GALILEO	REACTION
EFFICIENCY	THERMOSTAT	PHOTOELECTRIC
VOLUME	BINDING	SUSCEPTIBILITY
RADIUM	REVOLUTION	DANGLE
DIFFUSION	INTENSITY	DUEL
DIRECT	WARPING	URANIUM

Puzzle # 47

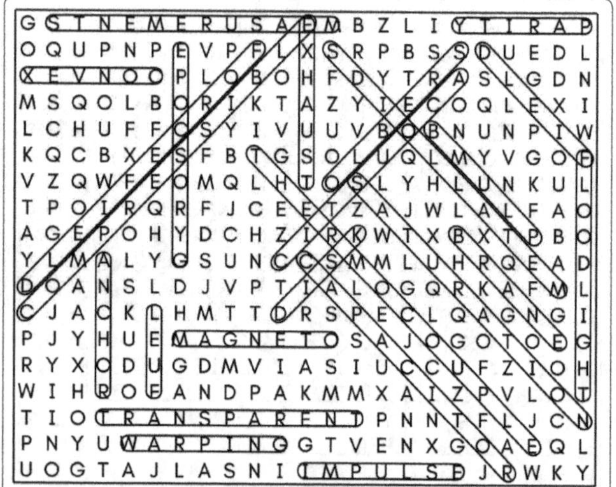

FORCEFIELD	FIELD	EXHAUST
CONVEX	PARITY	CAPACITOR
OLBERS	FLOODLIGHT	IMPULSE
ANCHOR	FUEL	TRANSPARENT
BRANE	THERMOCOUPLE	WARPING
MEASUREMENTS	GYROSCOPE	PLUMB
SATURATION	ACOUSTIC	METALLOIDS
MAGNETO	DISK	COMPRESSIBLE

Puzzle # 48

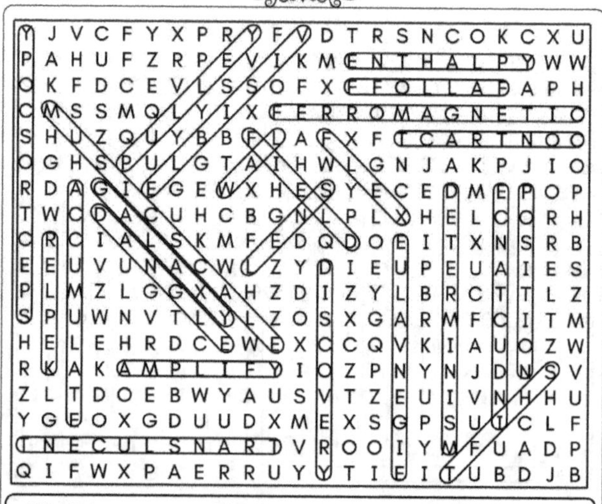

PULLEY	FIELD	DANGLE
ACCUMULATE	LENS	MUSICSCALE
INDUCTANCE	KEPLER	LAW
FALLOFF	POSITION	CONTRACT
TRANSLUCENT	SPECTROSCOPY	FERROMAGNETIC
DISCOVERY	SHIFT	AMPLIFY
FLEX	ENTHALPY	VISIBLE
EIGENVALUE	GALAXY	DETERMINISM

Puzzle # 49

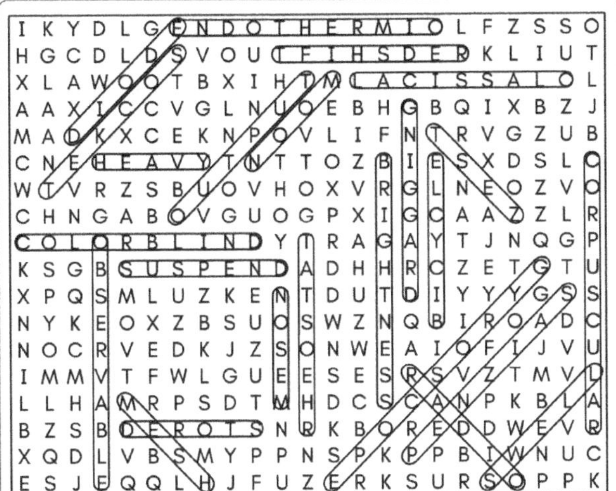

CLASSICAL	BICYCLE	MOON
ZEST	STORED	ENDOTHERMIC
COLORBLIND	SWELL	DIODE
RHEOSTAT	MESH	PENZIAS
GYROSCOPE	REDSHIFT	HEAVY
OUTPUT	SUSPEND	BRIGHTNESS
RADIO	MESON	SOCKET
OBSERVABLE	DRAGGING	CORPUSCULAR

Puzzle # 50

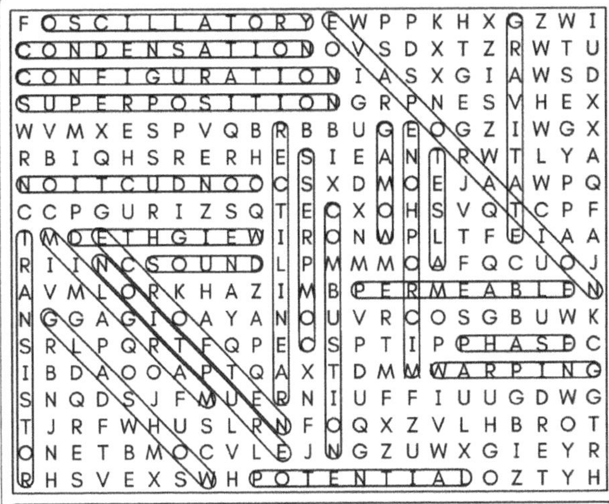

NETFORCE	GRAVITATE	ERUPTION
PHASE	MICROPHONE	TRANSISTOR
WARPING	GAMOW	RECTILINEAR
POTENTIAL	CONDENSATION	SOUND
SUPERPOSITION	TESLA	COMPRESS
GLASHOW	WEIGHTED	COMBUSTION
CONDUCTION	OSCILLATORY	CONFIGURATION
PERMEABLE	EVAPORATION	MILGRAM

Puzzle # 51

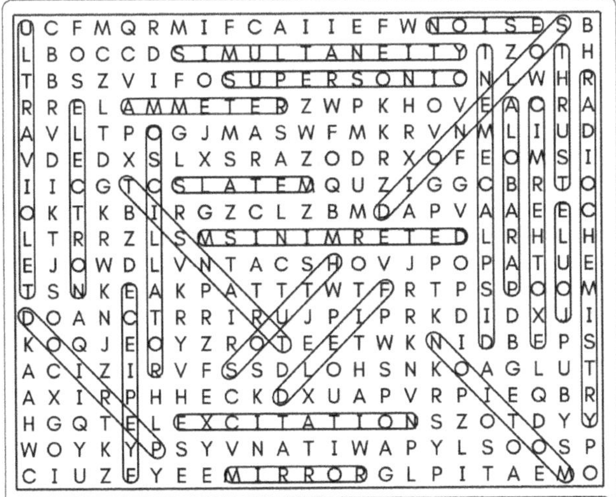

THRUST	PARABOLA	ELECTRON
MIRROR	PERIOD	EXCITATION
SOLENOID	TRANSIT	MOTION
FIELD	OSCILLATOR	EYEPIECE
NOISE	METALS	SOUTH
RADIOCHEMISTRY	DISPLACEMENT	JOULE
EXOTHERMIC	ULTRAVIOLET	SUPERSONIC
AMMETER	SIMULTANEITY	DETERMINISM

Puzzle # 52

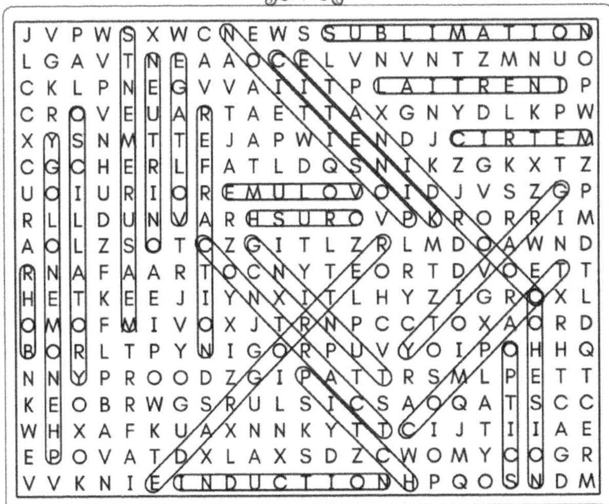

COHESION	KINETIC	SUBLIMATION
OSCILLATORY	TUNING	INDUCTION
RETROGRADE	BOHR	GRAVITY
POSITION	OPTICS	PITCH
NEUTRINO	COORDINATE	METRIC
MEASUREMENTS	CRUSH	CONTRACT
REFRACTION	VOLUME	VOLTAGE
INERTIAL	COMPACT	PHENOMENOLOGY

Puzzle # 53

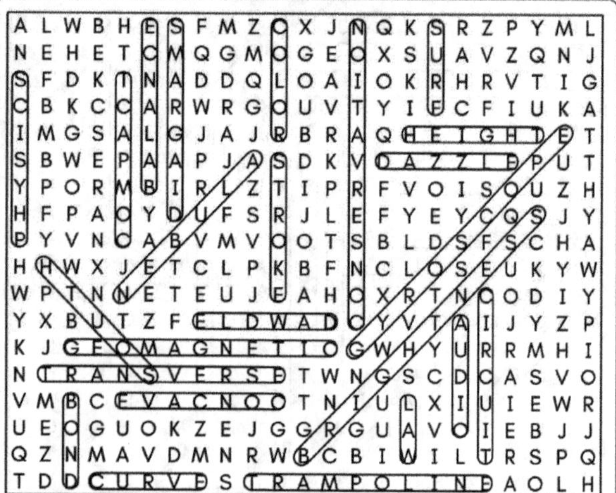

BALANCE	SURF	CONCAVE
SOUTH	LAW	STROKE
DAZZLE	GEOMAGNETIC	CONSERVATION
TRAMPOLINE	TRANSVERSE	NEBULA
GYROSCOPE	HEIGHT	AUDIO
COMPACT	CURVE	COLOR
BOND	PHYSICS	DAWDLE
BRIGHTNESS	CIRCUIT	DIAGRAMS

Puzzle # 54

COUNTERFORCE	HEAT	AMPLIFY
CALORIEFIC	PERCUSSION	ELECTRICITY
DRAGGING	VOLTAIC	HARMONIC
WATT	HOP	STANDING
BLACKBODY	RELATIVISTIC	NOBEL
CLAD	GRAVITATE	TRANSFORM
SQUISH	TUNING	METALS
MANIFOLD	LAWS	GLUONS

Puzzle # 55

TENSION	BALANCE	CRUSH
CALORIMETER	ADHERE	MAGNETIC
DEMAGNETIZE	MEASUREMENTS	INERTIA
SOAR	THERMAL	WAVE
BLOATED	DARKMATTER	CONJUNCTION
QUARKS	COHESION	OSCILLATE
MECHANICAL	SUSPEND	PROPAGATE
CIRCUIT	PRIZE	PERTURBATIVE

Puzzle # 56

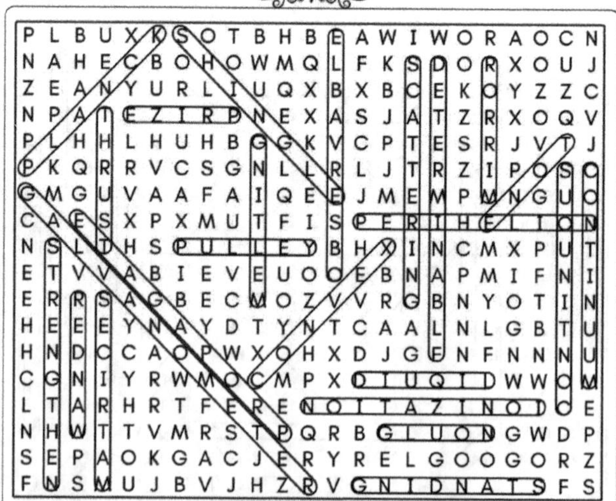

THRUST	STRENGTHEN	MIRROR
PROPAGATE	PLANCK	CONTINUUM
PERIHELION	DETERMINABLE	PULLEY
MELTING	CONVEX	TONE
GLUON	OBSERVABLE	PRIZE
SHINGLE	WANDER	LIQUID
STANDING	IONIZATION	GALVANOMETER
CONTINUOUS	MATRICES	SCATTERING

Puzzle # 57

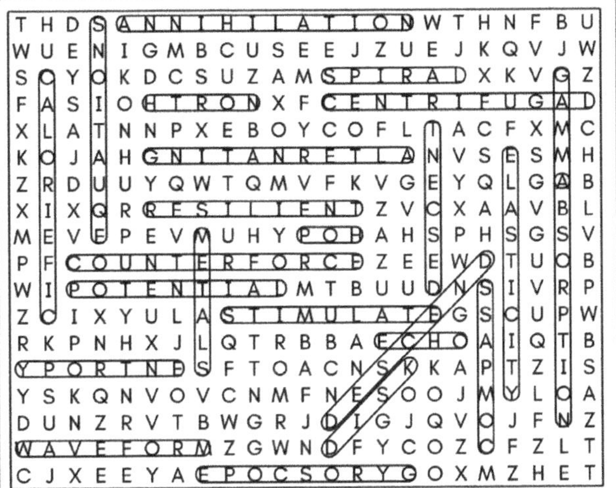

CENTRIFUGAL	GYROSCOPE	DESCENT
RESILIENT	ABSORPTION	GAMMA
COMPASS	ANNIHILATION	ELASTICITY
SPIRAL	POTENTIAL	ENTROPY
ECHO	METALS	NORTH
STIMULATE	COUNTERFORCE	DESCEND
HOP	CALORIEFIC	WAVEFORM
ALTERNATING	DISK	EQUATIONS

Puzzle # 58

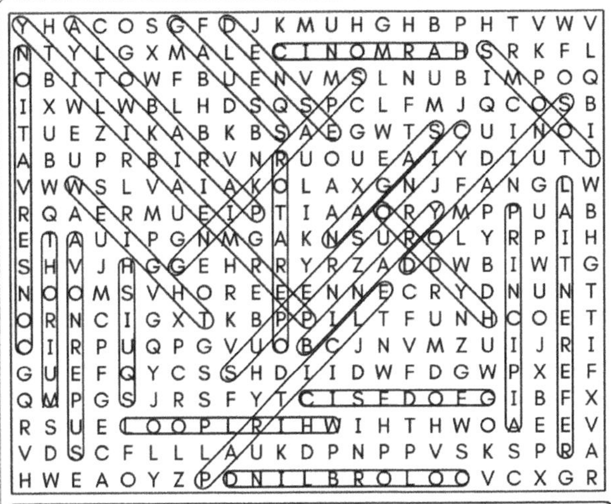

WEIGHT	PARABOLA	HYDRO
PARTICLE	OPERATOR	PERMEABILITY
BINARY	PRINCIPIA	REFERENTIAL
HARMONIC	WHIRLPOOL	COLORBLIND
GAUSS	GEODESIC	SAGAN
THORIUM	CONSERVATION	DENSE
SQUISH	SUPERSONIC	DOMAINS
SUPERNOVA	SMOOT	SPARKING

Puzzle # 59

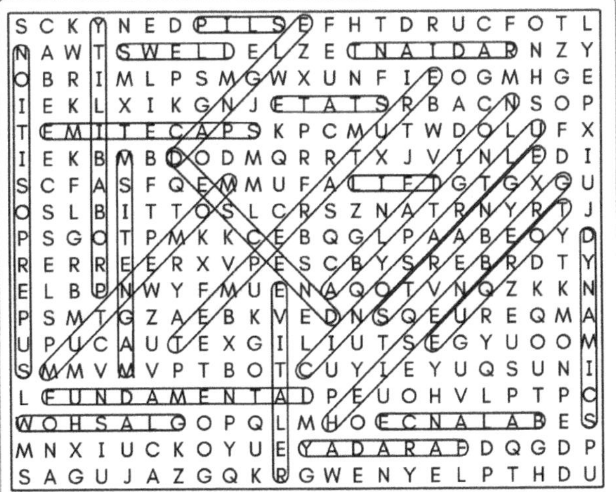

MOMENTUM	DYNAMICS	SPACE-TIME
RADIANT	MAGNETISM	SWELL
HEISENBERG	GLASHOW	LIFT
BALANCE	DESCEND	SLIP
TEMPERATURE	SUPERPOSITION	STRANGE
STATE	TORQUE	RELATIVE
ABLATION	DANGLE	ULTRASONIC
PROBABILITY	FARADAY	FUNDAMENTAL

Puzzle # 60

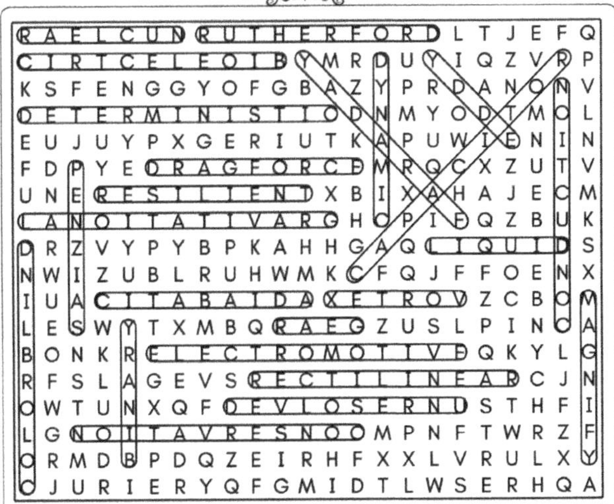

DYNAMIC	DRAGFORCE	NUCLEAR
RESILIENT	LIQUID	UNRESOLVED
BIOELECTRIC	RUTHERFORD	VORTEX
RECTILINEAR	EDDY	CONDUCTION
MAGNIFY	CAPACITOR	BINARY
PENZIAS	CONSERVATION	GEAR
GRAVITATIONAL	ADIABATIC	COLORBLIND
ELECTROMOTIVE	FARADAY	DETERMINISTIC

Puzzle # 61

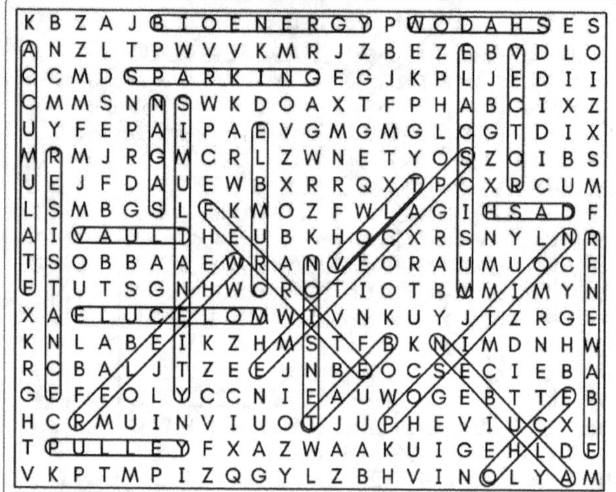

TENSION	PULLEY	VOLT
POSITION	MOLECULE	BEAT
SPACETIME	WHEELER	RESISTANCE
CRUMBLE	RENEWABLE	ACCUMULATE
SHADOW	MUSICSCALE	SIMULTANEITY
SAGAN	VECTOR	BIOENERGY
DASH	VAULT	ECHO
FERRITE	NEBULA	SPARKING

Puzzle # 62

REACTION	FIELD	HYDRO
SAILING	PHOTONS	OHM'SLAW
TRANSIT	CHEMISTRY	REVOLUTION
ELECTRICAL	CONTRACTION	BOILING
REVERBERATE	FUSE	MAXWELL
PROPERTIES	CONICAL	MOTOR
LOCOMOTION	X-RAY	WAVEFUNCTION
PULSAR	COULOMB	PRINCIPLES

Puzzle # 63

MAGNITUDE	DESCEND	ELECTRON
WIND	HEATFLUX	PARITY
SEMICONDUCTOR	ANNIHILATION	ALTITUDE
ABLATION	EDDY	ELECTROSTATIC
DECIBEL	COUPLING	WIRING
MAXWELL	STAR	HORSEPOWER
RESILIENT	HEATENGINE	LEVEL
VOLTAGE	SIMULTANEITY	IONIZE

Puzzle # 64

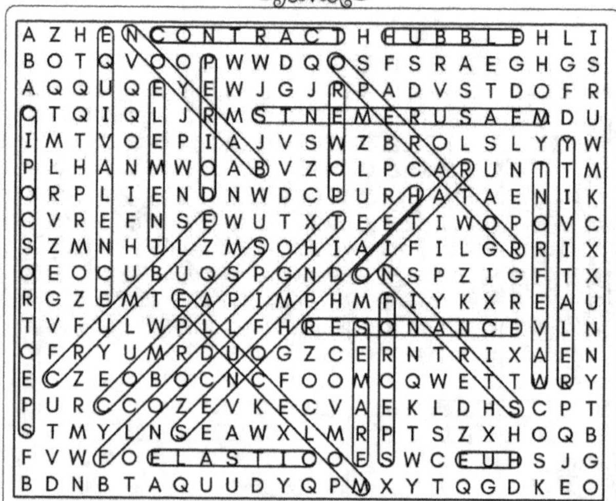

ELASTIC	POWER	RATIO
HUE	HEADPHONES	RELATIVITY
FRAMES	ELEMENT	STRAIN
CRUMBLE	CONTRACT	PERIOD
OPERATOR	COMPASS	HUBBLE
SPECTROSCOPIC	FORCEPS	RESONANCE
MOLECULE	WAVEFRONT	BARYON
EQUIVALENCE	FLOODLIGHT	MEASUREMENTS

Puzzle # 65

ELASTIC · CAPACITATE · QUANTUM
EMISSIVITY · CONFIGURATION · HADRON
COVALENT · WITTEN · MOTION
RENEWABLE · SOARING · OPTICS
VALENCE · GRAVITONS · TESLA
POLISH · MIGRATE · TREADMILL
HEATENGINE · ACOUSTIC · PHONON
BREAKER · DOMAINS · STATE

Puzzle # 66

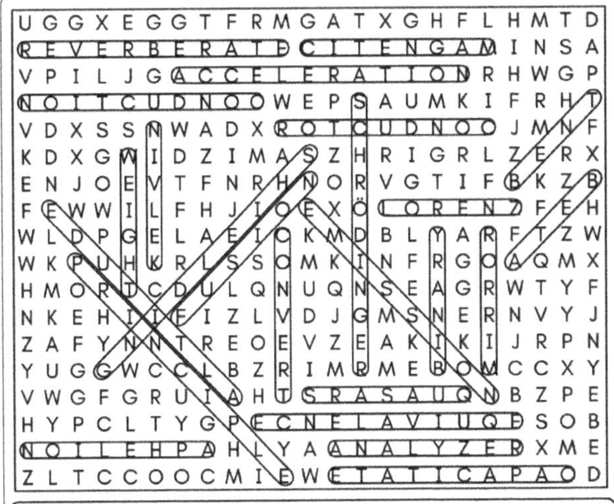

WEIGHT · ALTITUDE · BENT
REVERBERATE · MAGNETIC · CONDUCTOR
BINARY · KELVIN · ACCELERATION
CONVERT · CONDUCTION · ANALYZER
FUSION · EQUIVALENCE · SCHRÖDINGER
APHELION · PRINCIPLE · CAPACITATE
MIRROR · EMISSION · BETA
QUASARS · LORENZ · SHIELDING

Puzzle # 67

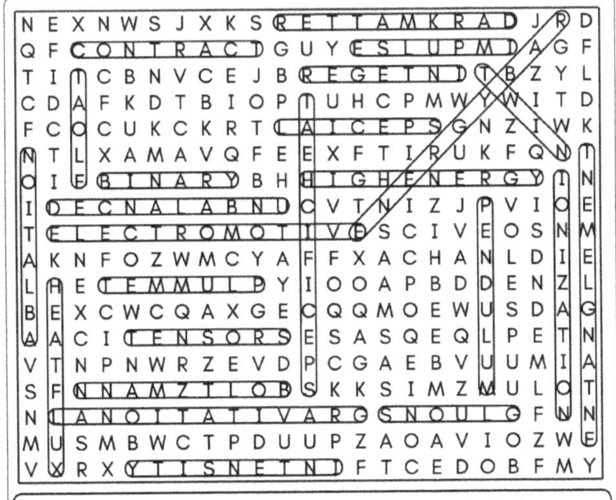

IMPULSE · PENDULUM · ENERGYBAR
HEATFLUX · INTEGER · DARKMATTER
TENSORS · HIGH-ENERGY · UNBALANCED
PLUMMET · GRAVITATIONAL · SPECIFICHEAT
ENTANGLEMENT · ELECTROMOTIVE · TWIN
BOLTZMANN · FLOAT · ABLATION
CONTRACT · INTENSITY · IONIZATION
SPECIAL · BINARY · GLUONS

Puzzle # 68

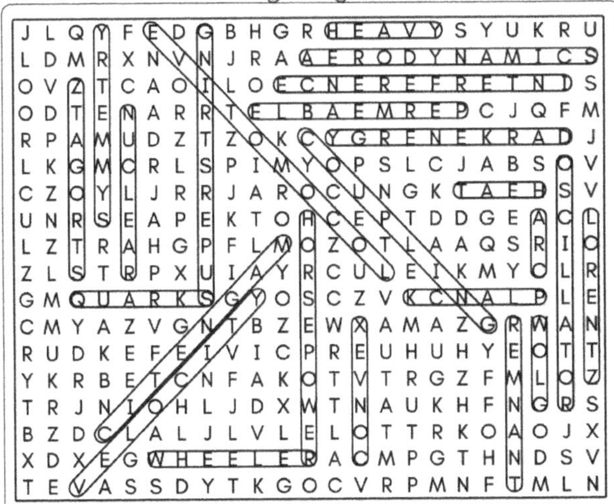

AERODYNAMICS · HEAVY · HORSEPOWER
CONVEX · MAGNETIC · COUPLING
LORENTZ · STROGATZ · VELOCITY
HEAT · OSCILLATOR · GLOW
PLANCK · PERMEABLE · DARKENERGY
SYMMETRY · ARC · NUCLEAR
LOCOMOTIVE · INTERFERENCE · SUPERSTRING
REMNANT · WHEELER · QUARKS

Puzzle # 69

TORSION	UNBALANCED	LAND
DYNAMISM	STORED	REFLECT
SEMICONDUCTOR	REES	DECELERATION
SOAR	PHOTOSYNTHESIS	GLIDING
COMPRESSIBILITY	MUSICSCALE	EQUIVALENCE
TRIBOELECTRIC	AERODYNAMICS	CRUSH
NONRENEWABLE	CRUISE	ILLUMINATION
ATOM	HIGH-ENERGY	EQUATIONS

Puzzle # 70

EQUILIBRIUM	HEAVY	DASH
INFRASONIC	PROTON	COUPLING
ELECTRODYNAMIC	WEAVE	IMPACT
ABLATION	MAGNIFY	EMISSION
ALPHA	DARKMATTER	SUSCEPTIBILITY
SPECTROSCOPIC	OSCILLATE	RADIANT
VISIBLE	DISCRETENESS	GRAVITINO
POLARITY	COSMOLOGICAL	PROPORTIONAL

Puzzle # 71

STRAIN	SPIRAL	BALLISTICS
LAND	BLOATED	ECHO
DISCRETENESS	BREAKER	ELASTICITY
PENDULUM	DENSE	OUTPUT
DIESEL	SPEAKER	CHARM
CORPUSCULAR	HARMONIC	ANCHOR
ABLATION	GRAVITATIONAL	PHASE
EXCITATION	RELATIVITY	VERTEX

Puzzle # 72

STRAIN	DENSE	MOTORIZED
CALORIEFIC	PROGRESSIVE	EXCHANGE
THERMOCOUPLE	SOUTH	LAW
NUCLEAR	WHIRLPOOL	CONDUCTION
EMISSION	SOFT	BREAKER
HAWKING	CONSTANT	GENERATOR
FLEX	ISOTHERMAL	BRANE
CURRENT	RHEOSTAT	GELL-MANN

Puzzle # 73

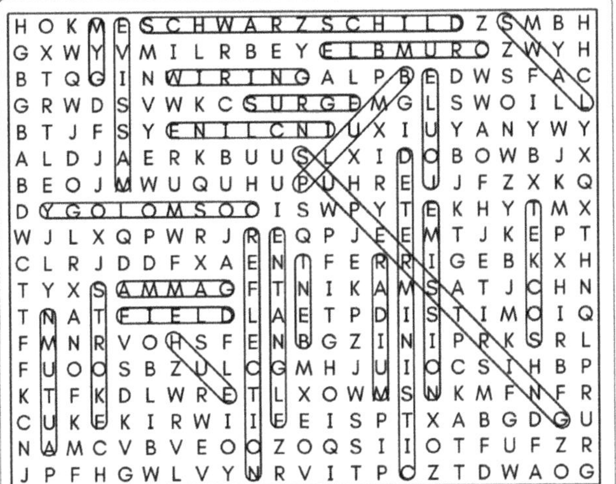

SURGE	PLUMB	INCLINE
STROKE	HUE	SUPERSTRING
SCHWARZSCHILD	RADIUM	FIELD
CRUMBLE	JOULE	BENT
EMISSION	SOCKET	COSMOLOGY
DETERMINISTIC	AUTUMN	MASSIVE
GYM	REFLECTION	GAMMA
WIRING	ENTANGLE	LAWS

Puzzle # 74

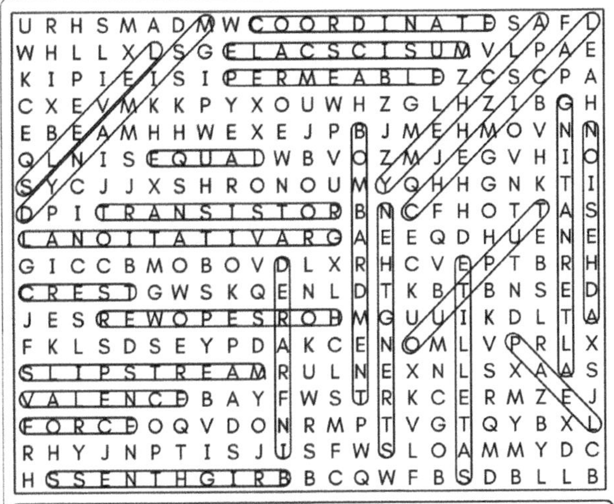

FORCE	SLIPSTREAM	HORSEPOWER
LEAP	BRIGHTNESS	MUSICSCALE
ALTERNATING	ALCHEMY	ADHESION
SATELLITE	OUTPUT	GRAVITATIONAL
INFRARED	VALENCE	PERMEABLE
BOMBARDMENT	EQUAL	CHEMICAL
DYNAMISM	STRENGTHEN	CREST
TRANSISTOR	COORDINATE	LEVELS

Puzzle # 75

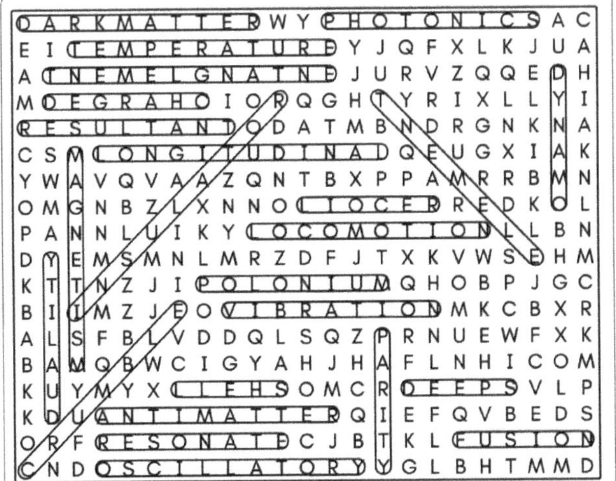

RECOIL	RESONATE	LOCOMOTION
TEMPERATURE	ENTANGLEMENT	SHELL
ANTIMATTER	POLONIUM	RESULTANT
VIBRATION	CHARGED	LONGITUDINAL
DUALITY	FUSION	DARKMATTER
ELEMENT	SPEED	CRUMBLE
MAGNETISM	OSCILLATORY	PARITY
PHOTONICS	INSULATOR	DYNAMO

Puzzle # 76

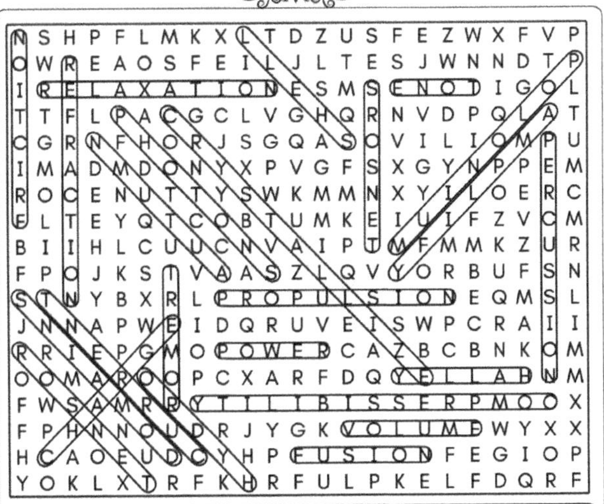

FRICTION	AUTUMN	RELAXATION
REFRACTION	TONE	SHELL
CURRENT	TENSOR	PROPULSION
HYDRO	CRYSTALLIZE	PHOTONS
VOLUME	FUSION	DOMAINS
HALLEY	POWER	AMPLIFY
COMPRESSIBILITY	TREMOR	PERCUSSION
CHARGE	TENSORS	POLONIUM

Puzzle # 77

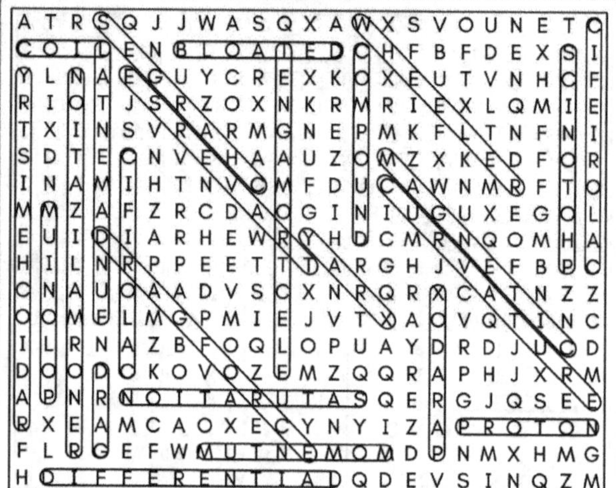

MOMENTUM	DRAGFORCE	COIL
X-RAY	PROTON	ELECTROMAGNET
WHEELER	CHARGES	DRAG
CALORIFIC	CALORIEFIC	TRAVERSE
DIFFERENTIAL	CURVATURE	POLONIUM
FUNDAMENTAL	COMPOUND	BLOATED
SATURATION	MAGNETIC	PHOTONICS
PARADOX	RADIOCHEMISTRY	RENORMALIZATION

Puzzle # 78

VORTEX	OSCILLATION	ELECTRICAL
BOILING	TINTED	INSULATOR
GLASHOW	INTEGRAL	REACTION
ALTITUDE	VIBRATE	EMISSIVITY
TONE	MAGNETITE	REFRACT
INVERSE	TERMINAL	FLOOR
CALORIC	INFRARED	ANTIPARTICLE
VOLTA	PERIHELION	TRIBOELECTRIC

Puzzle # 79

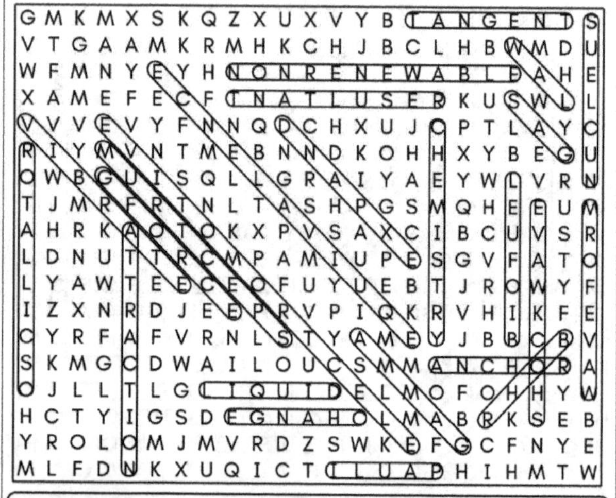

ATTRACTION	TANGENT	SAG
NONRENEWABLE	LIQUID	WAVEFORM
ELECTROMOTIVE	BOHR	LAW
G-FORCE	BIOFUEL	OSCILLATOR
SPECTRUM	NUCLEUS	EQUIVALENCE
PAULI	RESULTANT	ANCHOR
VIBRATE	CHANGE	SHOCKWAVE
GAMMA	EXPAND	CHEMISTRY

Puzzle # 80

CLASSICAL	CAPACITOR	SUPERSONIC
CALORIMETERS	HORSEPOWER	ZODIAC
VALENCE	CREST	JIGGLE
RECTILINEAR	HORIZON	PROBABILITY
TRANSLUCENT	CAPACITATE	TEXTURE
SUPERSTRING	MICROWAVE	REFRIGERANT
BURST	COSMOLOGY	ALPHA
DAZZLE	RESONANCE	PRINCIPIA